Nur der Not koan Schwung lass´n !

Sempre avanti !

Ein Roadtrip durch Italien und durch's Leben

Muss nicht,
könnte aber so gewesen sein 😉

„Nur der Not koan Schwung lassn" ist ein uralter, bayerischer Ausdruck. Es bedeutet in etwa, sich nicht hängen zu lassen, also die Not nicht „zu befeuern" bzw. anzutreiben.

Text und Gestaltung: Fatta da me
Fotos: Birgit Dirr, vielen Dank dafür, Frau Löfferl!
Titelbild: Signora Cucchiaino
Lektorin: Sofia Bottoncino

Dies ist ein Mutmach-Buch

gewidmet allen Frauen,
die nach langer Ehe noch einmal von
vorne beginnen müssen.

Eine Geschichte über Trennung und
Neuanfang mit allem was dazu gehört:
Verzweiflung, Wut, Trauer und schließlich
doch den Mut, sich für's Leben zu
entscheiden.

Denn nichts bleibt, wie es ist!
Auch nicht die Phasen tiefster Trauer und
Verzweiflung.

*Vertrauen Sie mir,
ich kenn' mich jetzt aus.*

FSC
www.fsc.org
MIX
Papier aus ver-
antwortungsvollen
Quellen
Paper from
responsible sources
FSC® C105338

Geben Sie mindestens einen Großbuchstaben, eine Ziffer und ein Sonderzeichen ein, verlangt das Datingportal "GlückzuZweit" von mir.
Also gut, auf geht's, denk ich mir und haue in die Tasten meines Laptops.

„SofiaBottoncino2023+" mehr Motto, als Passwort, wie ich finde. Denn Sofia wollte ich immer schon heißen, Bottoncino bedeutet Knöpfchen, nach dem schwäbischen Ausspruch „Du bisch a Knöpfle", was soviel wie Tausendsassa bedeutet.
Ein Plus klingt in jedem Fall besser als ein Minus. Plus steht für neue Erfahrungen, neue Begegnungen, neues Lebensglück.
Plus klingt positiv, Plus klingt nach bergauf.

Und bergauf soll es endlich wieder gehen, nachdem mir mein lustlos gewordenes Männe nach 37 Ehejahren im vergangenen Dezember erklärt hat, dass sich nicht nur das Jahr zum Ende neigt, sondern unsere Ehe gleich mit. Männe ergreift die Flucht und weicht in die Wohnung unseres Sohnes aus, während ich wie ferngesteuert die Renovierung unserer Wohnung zu Ende bringe. Schließlich sind die Handwerker für unseren Küchenausbau schon im Anmarsch, das Material dafür liegt längst in unserer Garage und die neue Küche, die wir noch gemeinsam bestellt haben, soll in wenigen Wochen bereits eingebaut werden. Ich schleppe also eimerweise altes Mauerwerk zum Container vor unserem Haus und komme mir vor wie ein Sträfling, der Buße tun muss.

Ich hoffe so sehr, dass das Männe in der Zwischenzeit zur Ruhe und auch zur Besinnung kommen möge. Doch ich höre nichts mehr von ihm. Jedenfalls nichts, was zu meiner Beruhigung beitragen könnte.

Nach viel Ratlosigkeit und noch mehr Herzschmerz versuche ich, Männe zum Reden zu bewegen. Aber es ist nichts zu machen, er hat Lebensbilanz gezogen und wie ein guter Buchhalter vor allem an die Abschreibungsposten gedacht.

"Entliebt" ist das für mich neue Wort und ich frage mich, wie ich das möglichst schnell lernen kann, dieses "Entlieben", damit wir wieder so eine Art seelischen Gleichstand haben.

So haut das nicht hin, erklärt mir Frau Androsch, die sowohl einfühlsame wie kompetente Fachfrau für Lebenskrisen, die ich nach Wochen der Verwirrung und Verzweiflung endlich aufsuche. Eine Trennung unterliege einem langen Prozess, die verschiedenen Phasen müssen, ähnlich wie bei der Trauer, alle brav abgearbeitet werden.

Das will die Löwefrau natürlich nicht wahrhaben und versucht, sich schneller durchzumogeln,

schließlich ist doch das Unglücklich sein vergeudete Lebenszeit.
Frau Androsch ist der Meinung, eine seelische Wunde darf nicht abgedeckt werden. Ähnlich einer körperlichen Verletzung muss eine Wunde Luft bekommen, um von innen nach außen heilen zu können. Wir einigen uns darauf, dass jede Verletzung wenigstens für die Anfangszeit mit einem liebevollen Pflaster versorgt werden darf, um die Wunde vor weiteren Belastungen zu schützen.

Ich google also die 4 Phasen der Trennung bzw. Trauer, in der Hoffnung, eine - vielleicht sogar zwei Etappen überspringen zu können. Vielleicht klappt's ja, wenn man den Verstand arbeiten lässt und das Herz gleich mal zum Stillschweigen verdonnert. Es kann sich ja später wieder melden, wenn alles überstanden ist.

Inzwischen ist die Küchenrenovierung erfolgreich abgeschlossen, der Einbau der neuen Küche reibungslos verlaufen und ich bewundere den neuen Fliesenboden, das schöne große Küchen-fenster, den verbreiterten Torbogen (sehr sinn-voll....man weiß ja nie, welche Hilfsmittel man im Alter noch zur Fortbewegung brauchen wird) und natürlich auch die neuen Küchenmöbel.
Und bin traurig.

In all dem Chaos meldet sich der Europaverlag und möchte ein Interview mit mir führen. Es geht um meine Vespa Tour um den italienischen Stiefel und mein daraus entstandenes Erstlingswerk "Nonna accelerata". Nun müsste ich eigentlich jubelnd umherspringen, doch da passiert etwas völlig Unerwartetes:

Meine mühsam aufrecht erhaltene Fassade fängt an zu bröckeln! Plötzlich steigen mir Tränen in die Augen und ich werde tieftraurig. Mein erster Impuls ist abzulehnen, denn jeder, wirklich jeder! muss mir doch ansehen, wie unglücklich ich seit Monaten bin.

So viel kann ich mich gar nicht schminken, dass ich einigermaßen frisch aussehe und was soll ich auch im Interview sagen, wo doch nichts mehr übrig ist von meinem Elan und meiner Lebensfreude. Ich stelle den Gedanken an das Interview ganz hinten an und möchte von Vespareisen und Buchveröffentlichungen nichts mehr wissen, ich habe die Freude daran verloren.

"Natürlich machst du das Interview, Mama!" befindet mein Sohn, aber ich finde Selbstmitleid und Weltschmerz viel besser und vergrabe mich zuhause.

Eines Abends, als es besonders schlimm ist, setze ich einen Notruf an die Kinder ab und sie kommen sofort und ziehen mich vorsichtig unter tränennassen Wolldecken hervor, reden auf diese traurige, leere Hülle ein wie auf einen toten Gaul. Keine Ahnung mehr, mit welchen Worten sie mich zu trösten versuchten, meine Hündin Emmi und ich werden am Ende mitgenommen und die Tränen dürfen quasi betreut weiter fließen.

Einige Tage später - Männe ist längst in ein möbliertes Zimmer gezogen- eröffnet er mir, ich solle mir eine eigene Bleibe suchen, denn er möchte wieder in unserem Haus wohnen. Er ist dabei distanziert, freundlich und sachlich. Und ich erst! Hinterher bin ich sogar richtig stolz auf mich. Jedenfalls tue ich so - in Wahrheit fühle ich mich wie in einem falschen Film, bei dem irgendein Irrer Regie führt und ich wie betäubt den Anweisungen folge.

Nachts träume ich, dass das Männe mich mit einem Kuss auf die Nase weckt, mich angrinst und "ausgetrickst!" sagt. Was ja für sich schon ein saudummer Scherz wäre. Stattdessen weckt mich Emmi, mein treuer Glückshund, mit einem ausgesprochen zärtlichen Nasenstupser und freut sich einfach nur auf den Tag. Und auf ihr Frühstück. Und im besten Fall auch auf mich. Die Reihenfolge ist mir dabei wurscht, auf jeden Fall ein guter Grund aufzustehen und sich nicht hängen zu lassen.

Für den nächsten Abend bitte ich meine Kinder und Schwiegerkinder zu einer "Krisensitzung" und sie sind alle zur Stelle.
"Mama, es hilft ja nix, fang neu an!" raten sie mir einhellig und wollen sich um die Wohnungssuche kümmern.

Nach dem Tod meines Vaters, der die letzten Monate seines Lebens bei uns verbracht hatte, bin ich nicht mehr ins Berufsleben zurückgekehrt, denn das Männe war reif für die Insel und es war abzusehen, dass er demnächst seinen stressigen Job hinschmeißen und in Rente gehen würde. Juhuuu, endlich Zeit, miteinander zu verreisen, mit dem Wohnmobil (auch wenn die Knutschkugel noch so klein ist) nach Skandinavien oder sonst wohin zu düsen.
Pläne können sich ändern, erklärt er mir und ich merke, dass er statt sich, lieber mich auf einer Insel sehen würde.
Also muss nicht nur eine neue Bleibe her, sondern auch ein neuer Job.
Traurigkeit und Verzweiflung wechseln sich in schöner Regelmäßigkeit ab und als ob das nicht schon reichen würde, überfällt mich regelrecht die Panik:

Wer stellt eine 60jährige ein, wie lange reicht das Ersparte aus und wo gibt's noch einen Vermieter mit Herz, der mich samt Retriever Emmi und Kater Leo aufnimmt, wo ich doch zur Zeit nicht einmal ein regelmäßiges Einkommen vorweisen kann.

Und immer wieder die Frage: Warum tust du mir das an, Männe? Was war so schrecklich, dass du mich nach 37 Jahren über den Jordan schickst, um dich selbst retten zu können? Hätte nicht einfach in Rente gehen gereicht? Eine Reha zur Erholung? Selbst mal ein paar Wochen auf Reisen gehen, um sich zu sondieren?
IRGENDETWAS ANDERES ???
Aber es hilft nix, ich muss nach vorne schauen und wohl akzeptieren, dass das verwirrte Männe nicht mehr **mein** Männe sein möchte.

Bei der Jobsuche berät mich Edith, eine liebe Freundin und frühere Kollegin.
"Ruf doch mal die Inge an", meint sie. "Inge hat sich gerade selbstständig gemacht und sucht dringend Leute!"

Inge, Ediths Exkollegin aus früheren Zeiten.....ich erinnere mich an eine herzliche, tatkräftige Frau um die 60. Vor einigen Jahren bin ich schon einmal mit ihr "Tour" gefahren und um ein Haar wäre ich ihre Kollegin geworden.
Ich rufe also Inge an und richte Ediths Grüße aus. Ich stöpsle nicht lange herum und erzähle ihr,

dass ich dringend einen Job brauche, da mich mein Mann verlassen hat.

Inge brüllt ins Telefon: "Ja fangen die in dem Alter jetzt alle das Spinnen an?" Über diese Reaktion muss ich erstmal lachen und freue mich sehr, als sie mir vorschlägt, baldmöglichst vorbeizukommen, um ihren Pflegedienst kennenzulernen.

Ein paar Tage später sitze ich bereits in ihrem Büro und lerne Gesa, die Pflegedienstleiterin, kennen. Beide Frauen strahlen mich an und ich fühle mich herzlich aufgenommen. Inge freut sich, dass ich ihr ein paar Abenddienste abnehmen möchte und ich freue mich auch: Auf neue Kollegen, neue Patienten und frischen Wind für mein malträtiertes Gehirn. Abenddienste sind perfekt für mich - ich muss mich nicht bereits um 5 Uhr morgens (nach einer grüblerischen Nacht) aus dem Bett quälen um dann wie ferngesteuert meinen Dienst zu verrichten, zudem sind Emmi und Kater Leo nicht zu lange alleine, denn die Abendtour beginnt circa 15.30 h und dauert drei bis vier Stunden.

Der erste Sieg ist errungen, wie mein Vater sagen würde ;-)

Anfang März trete ich meinen Dienst an und es tut mir richtig gut, wieder in meinem Lieblingsjob untergekommen zu sein. Ich bekomme die "Betreutes-Wohnen-Tour", ich fahre also zu den Senioren und versorge den einen mit einem Insulinspritzerl, dem nächsten ziehe ich die Kompressionsstrümpfe aus, verabreiche Medikamente, wer's braucht, bekommt ein Abendessen, ich helfe bei der Körperpflege, beim Umkleiden usw… Ein sehr vielseitiger Job und an erster Stelle steht immer die Zuwendung, ein aufmunterndes Gespräch und wenn's gut läuft, wird zusammen gelacht. Ist der Patient ungeduldig und nicht gut gelaunt, hilft oft schon ein: "Immer langsam mit der Großmutter!" und ich deute dabei auf mich.

Einmal werde ich von einer 90jährigen Dame begrüßt, die kniend (!) in ihrem Sessel sitzt und sich beklagt, dass es ihr jetzt reiche - sie wolle sterben.
"Ja, so geht des aber ned!" erkläre ich ihr. "Der Herrgott nimmt Sie doch ned, wenn Sie ausschau'n, wie eine 70-jährige, die gerade aus Gran Canaria zurückgekommen ist!"
Da muss sie lachen, springt regelrecht aus ihrem Sessel, dass ich mich nur so wundern kann, begleitet mich schließlich zur Tür und verabschiedet mich herzlich. Am Ende des langen Flurs drehe ich mich noch einmal um und sie steht immer noch da und winkt mir nach.

Frau Rasch, hochbetagt und etwas dement, sitzt vor ihrem Fernseher, während ich ihren Abwasch erledige. Sie schaut sich die Krönung von Prinz Charles an und grummelt vor sich hin. Ich traue meinen Ohren nicht, als sie schimpft, wie Charles an ein derart greisliges Weib geraten konnte, diese Camilla schaue doch aus wie ein Pferd.

In meinem früheren Job bei einer Augsburger Sozialstation gehörte eine alte Bäckersfrau zu unseren Patienten, die die Angewohnheit hatte, nach Ladenschluss in die im Keller liegende Backstube zu laufen, um zu kontrollieren, ob denn die Außentüre auch wirklich abgeschlossen war.
Immer wieder hatte die Tochter sie ermahnt, ja nicht alleine die Kellertreppen hinunter zu steigen, denn die alte Bäckerin war schon sehr wackelig auf den Beinen und neigte zu Stürzen.
Eines Abends war sie nicht auffindbar - mein Kollege suchte die ganze Wohnung nach ihr ab. Schließlich fand er das kleine Weiblein im Keller in der Mehlkiste sitzend- quasi paniert, denn sie war weiß von Kopf bis Fuß. Sie hatte das Gleichgewicht verloren und war rücklings in den riesigen Mehlbehälter geplumpst. Ihr war weiter nichts passiert und mein Kollege konnte sie ohne große Mühe wieder herausziehen. Er musste sie hinterher nur ordentlich abstauben.

Am nächsten Abend hatte ich wieder das Vergnügen mit ihr. Lachend erzählte sie mir von ihrem Mehl-Unfall und meinte: " Wia i do so in der Kist'n dring'hockt bin, hobi mir denkt, guad, dass i jetzt ned bieseln muass, sonst daad i no an Doag (Teig) omacha!"

Der Tag des Interviews ist gekommen.
Der Europa Verlag bittet mich um "rechtzeitiges Erscheinen" vor meinem Laptop. Ich begebe mich pünktlich in die Maske, pinsele mir also ordentlich Farbe ins blasse Gesicht und warte auf den Skype-Anruf des Verlags.
Ich bin fürchterlich aufgeregt und kippe sicherheitshalber einen Grappa auf Ex. Tuuuut - tuuuuut, klingt's aus dem PC, ich klicke rasch auf "Gespräch annehmen" und sehe ein freundliches Männergesicht mit dunklem Vollbart. Dottore Paolo Finistrella (was für ein Name !!) begrüßt mich und erklärt mir den Ablauf des nachfolgenden Interviews.

Ich halte ihm mein Grappaglas vor seine digitale Nase, proste ihm zu und tue so, als würde ich mir noch schnell einen hinter die Binde kippen. Leider war mein Glas noch nicht ganz leer und ich versudle mir dabei mein T-Shirt.

Der Dottore lacht und ich kann nur hoffen, dass die Aufzeichnung noch nicht läuft.

Ich habe keinen Schimmer, was mich der Dottore eigentlich fragen wollte, denn die überdrehte Nonna redet wie ein Wasserfall in die Kamera und Signor Finistrella kommt kaum zu Wort. Die Zeit ist im Nu um und ich kann hinterher nicht einschätzen, wie das Interview gelaufen ist. Würde mich nicht wundern, wenn es gar nicht sendetauglich wäre.
Am nächsten Tag schreibt mir der Dottore, dass es ihm viel Spaß bereitet hätte und ich seiner Meinung nach die "perfekte Botschafterin Italiens sei".
Der italienische Charme bleibt unübertroffen, so viel steht fest!

Zeitgleich schreibt der Europaverlag die Buchhandlungen meiner Gegend an, um mein Buch vorzustellen und Lesungen anzubieten.
Daraufhin meldet sich Nadja, die Inhaberin der Koch- und Sprachenschule "Die Sizilianerin" und lädt mich ein, in ihren Räumlichkeiten eine Lesung abzuhalten.

In den nächsten Tagen erhalte ich einige überraschende Anrufe von Maklern, die auf die E-Mails von Töchterlein Nr. 1 reagiert haben.

Darunter Herr Windisch, der sich mindestens 20 Minuten Zeit für mich nimmt und mich berät. Er meint, die von ihm inserierte Wohnung wäre zu klein für mich und gibt mir den Tipp, aufgrund meiner fehlenden Lohnbescheinigungen zu einer Wohnungsbesichtigung gleich einen Bürgen mitzubringen.
Er ist richtig besorgt um mich und entschuldigt sich, dass er mir derzeit keine geeignete Wohnung anbieten kann. "Aber das macht doch nichts", tröste ich ihn, "das war doch trotzdem ein schönes Gespräch!"

Ich habe keine Ahnung, wie mich meine Tochter Franziska bei den Maklern angepriesen hat, aber es müssen die richtigen Worte gewesen sein, denn egal ob Makler oder Maklerin, alle Anrufer klingen fürsorglich und verständnisvoll.

In den nächsten Tagen besichtige ich ein paar hübsche, kleine Wohnungen in Augsburg und Friedberg. Es ist nichts Passendes dabei, denn wenn schon kein Garten vorhanden ist, sollte wenigstens Wald oder Wiese vor der Haustüre sein, falls Emmi nachts mal raus muss.
Meine frischgebackene Chefin Inge spricht mir Mut zu und auch sie möchte sich für mich nach einer Wohnung umhören.

Nicht lange darauf erhalte ich einen interessanten Anruf:

Herr Dr. Manerus aus Mering meldet sich auf Franzis Mail. Ich frage ihn, um welches Inserat es sich denn handelt und er lacht.

"Ach, wissen Sie gar nichts davon?" werde ich gefragt.

"Doch doch!" entgegne ich schnell und hoffe, dass er nicht gleich wieder auflegt.

Eine Dachwohnung wäre zu vermieten, erklärt er mir freundlich. Und ob ich ein Problem mit Hunden hätte.

Ich liebe Hunde, sage ich und merke, dass Herr Doktor ganz Ohr ist. Matze, der Hund des Hauses, sei ein recht ängstliches Exemplar und ob ich mir vorstellen könnte, nach ihm zu schauen, falls er mal jaulen sollte, wenn Frauchen und Herrchen beispielsweise im Kino sind. Dies sei natürlich kein Kriterium für die Wohnungsvergabe, betont Herr Manerus. Na ja, dann werde ich mir eine extra große Couch zulegen, sag ich ihm, damit sich Matze zu Emmi und mir auf die Couch lümmeln kann. Das freut den Doktor und im Hintergrund höre ich seine Frau lachen.

Zwei Tage darauf findet die Wohnungs-besichtigung statt. Ich soll Emmi gleich mit-bringen, damit sich die Hunde kennenlernen können. Pünktlich zum Termin stehe ich mit Emmi vor einem mit Efeu bewachsenem Haus direkt am Waldrand. "Versau' es nicht, Emmi!" ermahne ich sie. "Jetzt geht's um die Wurst!"

Emmi nimmt es wörtlich, denkt also an die Wurst und verhält sich vorbildlich. Auch Matze scheint von meinem Hundemädchen angetan. Er beschnüffelt sie ausgiebig vorne und hinten, schleckt ihr kurz über die Schnauze, was so viel heißt wie: Kannst bei mir einziehen - die Modalitäten sollen unsere Dosenöffner klären.

Der erste (und wahrscheinlich wichtigste Test) ist bestanden und während Emmi bereits mit Frau Manerus und Matze im Erdgeschoss verschwunden ist, zeigt mir Doktor Manerus die Dachwohnung.
Was soll ich sagen? Die Wohnung ist ein Traum! Lichtdurchflutet und gut geschnitten, frisch saniert und energiesparend gedämmt.
Und als Krönung, eingebettet zwischen zwei Dachgiebeln, eine romantische Dachterrasse. Einzig die in die Jahre gekommene Küche trifft nicht ganz meinen Geschmack und ich frage vorsichtig, ob man gegebenenfalls eine neue einbauen dürfte. "Was gefällt Ihnen denn nicht an dieser Küche?" will der Doktor wissen und ich befürchte, dass meine Frage bereits ein Fehler war. "Wissen's, Herr Doktor Manerus, ich habe zuhause gerade eine wunderschöne, blaue

Küche einbauen lassen und so eine hätte ich halt gerne auch in meiner neuen Wohnung."
Er meint, das wäre kein Problem, solange er es nicht bezahlen müsse und ich solle doch den "Doktor" gleich mal weglassen. Wenn ich diese wunderschöne Wohnung bekomme, sag' ich auch gerne Professor zu dir, denke ich und hoffe, dass die nachfolgenden Interessenten nicht allzu gut abschneiden werden.
16 Kandidaten werden noch erwartet, wie ich erfahre, was mir nicht gerade Mut macht.
Doch bei der Verabschiedung klopft mir Frau Manerus aufmunternd auf die Schulter und meint: "Schaut schon gut aus" und dass sie sehr bald Bescheid geben würden.

Am nächsten Morgen der erlösende Anruf:
Herr Professor Dr. Dr. Manerus teilt mir feierlich mit, dass sich Matze für Emmi entschieden hat. Ich versuche, nicht auszuflippen und bedanke mich höflich.
Am Abend fahren wir zu unserem neuen Zuhause und unterschreiben den Mietvertrag.

Schwiegersohn Alexander, von mir umgehend zum Schwiegerbürgen befördert, begleitet mich und unterschreibt eine Bürgschaft für die Schwiegermuddi. "So einen Fall hatte ich jetzt auch noch nicht", meint mein neuer Vermieter.

"Welchen Betrag schreiben wir denn nun in die Bürgschaft? Sind Sie einverstanden mit acht Monatsmieten, Frau Weinzierl?"
„Ach, sagen wir doch einfach zehn Monatsmieten, ist ne runde Summe!", erwidere ich, denn heute bin ich ein ausgesprochen großzügiger Mensch.

Frau Manerus und Schwiegersohn Alexander lachen, während ich unterm Tisch vier flauschige Hundeohren kraule. Wenig später werden wir schulterklopfend verabschiedet und ich schwebe nach Hause.

Nun muss ich mich noch 8 Wochen gedulden, bis ich einziehen kann.

Ein paar Tage später fahre ich ins schönste Möbelhaus Augsburgs und renne schnurstracks zu Frau Löfferl, der Küchenberaterin meines Vertrauens.
"Hallo, Frau Weinzierl" werde ich begrüßt, "hat mit dem Einbau alles geklappt?"
"Alles bestens! Und nun hätte ich gerne die gleiche Küche nochmal!" entgegne ich und Frau Löfferl meint, ich mache einen Scherz und lacht.

Als ich ihr die neue Situation erkläre, fällt sie zunächst aus allen Wolken, fängt sich jedoch schnell wieder (als alter Profi hat sie natürlich

schon viele solcher Geschichten gehört), klatscht in die Hände und meint:
"Ich würde sagen, da planen wir jetzt mal eine wunderschöne Küche für Sie!"

Und auf Frau Löfferl ist Verlass:
Die neue Küche wird noch schöner und da es der neue Grundriss ermöglicht, schaut sogar noch ein integrierter Frühstücksplatz raus.
Man plaudert zudem über dies und das, entdeckt ganz nebenbei noch gemeinsame Interessen. Frau Löfferl ist Bikerin, möchte aber schon seit längerem vom schweren Motorrad auf einen Motorroller umsteigen und ist zudem Italienfan.
Als ich ihr erzähle, dass in ein paar Tagen meine erste Augsburger Lesung stattfinden wird, ist sie Feuer und Flamme.

Als die Planung der neuen Küche abgeschlossen ist, holt Frau Löfferl ihren Abteilungsleiter hinzu, der anscheinend noch den Preis absegnen und seinen Servus drunter setzen muss. Der junge Mann studiert sorgfältig den Auftrag und kontrolliert auch gleich noch, was ich in der letzten Zeit sonst noch so in seinem Möbelhaus bestellt habe.
Schließlich stellt er ganz verblüfft fest: "Sie haben ja erst eine Küche bei uns bestellt! Wann wurde die denn eingebaut?"

"Vor zwei Monaten," kläre ich ihn auf. "In meinem alten Zuhause. Ich würde sagen, Sie machen mir jetzt einen guten Preis! Immerhin kaufe ich alle paar Monate eine Küche bei Ihnen!"
Er lacht, macht mir tatsächlich einen prima Preis und obendrein gibt es noch einen Einkaufsgutschein. Frau Löfferl drückt mir noch einen Bon für Currywurst mit Pommes in die Hand. Mehr Glück geht nicht.

Am Vorabend der Lesung habe ich Abenddienst. Ich versorge Frau Meier, eine alte, sehr demente Dame, als mir die Idee kommt, ihr meine Arie vorzutragen - als Übung sozusagen.
Ich warne sie also vor, dass ich sie sogleich mit meinem Gesang beglücken werde und warte auf ihre Reaktion. Sie schaut mich erstaunt an und sagt: "Da bini ned dabei!"
Ich verkneife mir das Lachen und versuche trotzdem mein Glück. Voller Inbrunst trage ich ihr Puccinis "O mio babbino caro" vor. Sie beobachtet mich fasziniert und nickt mir immer wieder zu. Als ich sie hinterher frage, ob es ihr denn gefallen habe, antwortet sie mit dem Brustton der Überzeugung: "Naaaa!"

Ich nehme es als gutes Omen. Generalprobe misslungen - da muss die Premiere doch ein Erfolg werden!

Am nächsten Abend haben sich circa 35 interessierte Italienfans eingefunden und ich kenne fast jeden von ihnen persönlich. Kein Wunder, ich habe ja auch im Verwandten- und Freundeskreis ordentlich Werbung gemacht. Ich entdecke alte und neue Freunde, einige Arbeitskolleginnen aus früheren Zeiten, meine Kinder, Frau Krist, die sich als erste bereit erklärt hat, meine Bücher in ihrem hübschen Kissinger Schreibwarenladen "Zum Bleistift" anzubieten, Ute und Ernst, die ich auf einer Kalabrien-Reise kennengelernt habe, sitzen einem Kissinger Ehepaar gegenüber, die mit mir in Barcelona waren. Erika, die letzte Hospizhelferin meines Papas, hat ihren Mann mitgebracht und nicht zuletzt mache ich inmitten des bunten Völkchens Frau Löfferl, meine Küchenberaterin aus. Frau Androsch wäre auch gerne gekommen, ist aber leider verhindert. Ich muss schmunzeln und denke, wenn ich jetzt noch einen Scheidungsanwalt hätte, würde der vermutlich auch noch hier sitzen.

Ich blicke glücklich in die erwartungsvollen Gesichter und lege los. Und tatsächlich läuft alles wie geschmiert, das Publikum lauscht interessiert meinen Erlebnissen, meine Witzchen kommen an- selbst die Arie gelingt einigermaßen. Zum besseren Verständnis habe ich die deutsche Übersetzung des italienischen Liedtextes auf Flipchart-Bögen geschrieben.

Nadja, die Ladeninhaberin, hat sich bereit erklärt, die Bögen rechtzeitig umzublättern - verpasst jedoch regelmäßig ihren Einsatz, was für zusätzliches Gelächter sorgt.

Alles in allem ein gelungener Abend, ich verkaufe ein paar Bücher und falle um Mitternacht glücklich und vollkommen überdreht ins Bett und kann vor Aufregung die ganze Nacht nicht schlafen.

Ich muss an den vergangen Dezember denken, als ich mit Männe einen kleinen Christkindlmarkt am Starnberger See besucht habe und mir Carolin Matzko über den Weg gelaufen ist.

Caro, die Co-Moderatorin aus der BR-Talkshow "Ringelstetter" ,streichelte unsere Retrieverhündin Emmi und wir unterhielten uns über Hunde. Insbesondere über Hunde, die die Bratwurstsemmel ihres Frauchens anhimmeln, denn Caro hat ein ähnliches Exemplar, wie sie mir verrät.

Was für eine natürliche, sympathische Frau, denke ich mir, und traue mich, ihr von "Avanti, dilettanti", meinem 2. Buch, zu erzählen, in dem die Ringelstetter-Show eine Rolle spielt.

Als sie auch noch ein kleines Video mit mir dreht und wir beide die Begrüßungsfloskel aus der

Ringelstetter-Show nachspielen, kann ich mich nur wundern, welche Zufälle das Leben so raushaut.

In den kommenden Wochen habe ich viel um die Ohren, denn der Umzugstermin rückt immer näher. Ich fange an, Kisten zu packen und verfahre dabei nach dem Feng Shui- Prinzip:
Das Hab und Gut wird in drei Kategorien aufgeteilt:
Mitnehmen - verschenken – wegwerfen (sprich: da lassen).

Meine Vermieter, die Manerussen, sind klugerweise ein paar Tage in Urlaub gefahren, somit können wir wild drauf los bohren und hämmern.

Der Umzug selbst verläuft reibungslos, Sohn und Schwiegersöhne packen fleißig mit an und die Töchter liefern Brotzeit und backen Kuchen für die Helfer. Franziska hat zusätzlich noch handwerklich begabte Freunde, Tanja und Alex, organisiert, die sich mit Elan um den Aufbau von Bett und Schränken kümmern.
Zuletzt werden Emmi und Kater Leo ins neue Zuhause verfrachtet. Die Jungs fragen mich beim Abschied etwas besorgt, ob ich auch wirklich klar komme. Tanja umarmt mich und flüstert mir ins

Ohr: "Pass gut auf, was Du in deiner ersten Nacht hier träumst! Es könnte in Erfüllung gehen!"

Wenig später falle ich erschöpft ins Bett und bemerke glücklich, dass es Leo und Emmi egal ist, in welcher Wohnung mein Bett steht.
Hauptsache, ich liege drin. Sie kuscheln sich an mich und ich lausche glücklich ihrem leisen Geschnarche.

Ich konnte mich noch nie nach einem Umzug an meine Träume erinnern, diesmal schon.
Ich habe von einer neuen Liebe geträumt. Das Gesicht des Mannes war nicht zu erkennen, was aber irgendwie beruhigend war. Vielleicht bedeutet das ja, dass ich gar nicht suchen muss. Ein guter Plan, beschließe ich. Vielleicht lasse ich mich einfach finden.

Gleich am nächsten Abend bekomme ich Besuch von meiner lieben Freundin Ali (Alexandra). Da meine Manerussen verreist sind, schließe ich meine Wohnungstüre von innen ab.
Stolz zeige ich meiner Freundin die neue Wohnung und wir köpfen eine Flasche Champagner, die ich aus meinem alten Zuhause mitgenommen habe.

Als Ali wieder nach Hause möchte, stellen wir fest, dass sich die Wohnungstüre nicht mehr öffnen lässt. Der Schlüssel lässt sich nicht mehr drehen und wir probieren alle Varianten: Türe anheben, Türe nach unten drücken, Türe wegdrücken und die Türe feste heranziehen. Nichts hat Erfolg! Ich ziehe den Schlüssel ab und reibe ihn mit Olivenöl ein, aber auch das bringt nichts. Schließlich bitte ich Alexander, meinen Meringer Schwiegersohn, herzukommen und zu versuchen, meine Türe von außen aufzuschließen. Ich werfe ihm den Schlüssel durchs Fenster zu und er versucht, uns zu befreien. Keine Chance! Ali bekommt leichte Panik, während ich mit einem Lachanfall kämpfe. Egal was passiert, es gibt immer eine gute Geschichte fürs Buch, denke ich mir.

Nachdem ich meine Vermieter informiert habe und sie auch keinen Rat wissen, bleibt mir nichts anderes übrig, als einen Schlüsseldienst anzurufen. Nach einer Stunde ist der Spuk vorbei und ich kann meine Ali in die Freiheit entlassen. Was für ein Einstand im neuen Zuhause :-)
Am nächsten Abend bringt mir mein Vermieter eine Flasche Wein als Entschädigung für die Umstände und übernimmt (GottseiDank) die Rechnung der Rettungsaktion.

In den nächsten Tagen erkunden Emmi und ich unsere Umgebung und stellen fest, dass wir im Paradies gelandet sind. Unser Haus ist das letzte in einer Sackgasse, durch "unseren" Wald fließt die Paar und für meine Enkel gibt es auch noch einen großen Abenteuerspielplatz mit Rutschen, Schaukeln, Hängematte, Klettergerüst, Sand-spielplatz und einer Tischtennisplatte.

Speziell für die Oma wurde noch eine Seilbahn mit Tellerlift installiert. Kaum sitzt man auf diesem Gummiteller, nimmt das Ding eine Fahrt auf, da kommt keine Mücke mehr dazu, einen zu stechen. Mit Schwung saust man wie Tarzan an der Liane einen Abhang hinunter und wird am Ende von einem Gummistöpsel daran gehindert, in den Wald hinein katapultiert zu werden. Dabei gibt es natürlich einen kräftigen Rückstoß und man wird ordentlich hin- und hergebeutelt. Wenn man Glück hat! Man kann sich damit aber auch überschlagen.
Am liebsten fahre ich damit nach 19 Uhr, denn auf dem Hinweisschild steht: "Nur für Kinder, nur bis 19 Uhr".
Einmal wurde ich dabei von einem Anwohner beobachtet, der - an seinem Grill stehend- genau die Seilbahn im Blick hat. Ich bin mir nicht sicher, aber ich glaube, er hat sich mit seiner Grillzange ans Hirn getippt.

Nachdem ich mit der Seilbahn beschäftigt bin, schnüffelt Emmi die Wiese des Spielplatzes ab. Aus dem Nachbargrundstücks des Grillkönigs ertönt wütendes Gebelle und ich höre eine Frauenstimme: "Hör auf, du Blödmann!" rufen.
Ich suche den dazugehörigen Kopf und entdecke schließlich eine Frau durch die Hecke spitzeln. "Guten Morgen", rufe ich hinüber, "**wie** heißt Ihr Hund?", frage ich vorsichtshalber nach.

"Barney", kommt die Antwort, während sie mit einem Gartenschlauch ihre Blumen gießt, "aber im Garten ist er ein Blödmann!"
Nachdem Emmi nicht interessiert ist- sie hat ja inzwischen nur noch Augen für Matze- dreht Barney wieder ab und trollt sich zurück zu seinem Frauchen.

Als Hund hat man's halt leicht. Man schnüffelt sich vorne und hinten ab und wenn der Duft passt, springt man begeistert umeinander herum und die Sache ist geritzt.

Ich überlege, wie ich auf einen wildfremden Mann zurenne, ihn am Kragen festhalte, um an seinem Hals riechen zu können.
Gefällt mir sein Duft, hüpfe ich anschließend freudestrahlend um ihn herum und hoffe, dass er mithüpft. Ich befürchte allerdings, dass dann

mehrere Männer um mich herumspringen werden, und zwar die mit den weißen Turnschuhen.

Dieses Risiko kann ich natürlich nicht eingehen, deshalb melde ich mich bei einer Dating-App an. "GlückzuZweit" nennt sich diese, ich hoffe zurecht, denn Emmi hat schließlich ein glückliches Frauchen verdient.

Ich staune nicht schlecht, als ich bereits ein paar Minuten nach meiner Anmeldung angeschrieben werde.

Stefan, 59 Jahre, möchte wissen, wie alt mein Hund ist. Ich bin verwirrt und schreibe zurück, dass nicht Emmi vermittelbar ist, sondern ich.

Der nächste Kandidat, Dan66, liebt tatkräftige Frauen, die zupacken können. Er renoviere gerade den 3. Stock seines Hauses in Hamburg. Ich frage mich, wie viele Frauen er bei seinen Renovierungsarbeiten schon verschlissen hat. Zwei, erfahre ich. Macht demnach eine pro Stockwerk. Habe ich nicht auch erst eine Wohnung renoviert? Und wo ich schon am Überlegen bin....wurde ich nicht anschließend "entsorgt"? Hab ich das so richtig verstanden? Oder sollte ich es nochmal wiederholen, um sicher zu gehen?

Handwerklich begabte Frauen find ich klasse, schreib ich ihm. Frauen mit ausreichend Grütze unter der Mütze find ich aber auch nicht schlecht, ergänze ich und lösche den Kontakt.

Bling-bling, meldet sich die App und ich lese:
Hallo, ich bin der Tom. Du hast ein sehr hübsches und sympathisches Gesicht. Würde gern mehr über dich erfahren.
Hallo Tom, antworte ich ihm.
Vielen Dank fürs Kompliment. Was möchtest du denn wissen?
"Magst du romantische und verschmuste Männer?" kommt es zurück und ich patsche mir mit der flachen Hand ans Hirn.

Oh Gott, wo bin ich nur gelandet?
Nicht aufgeben, sprech' ich mir Mut zu, einfach weitermachen.

Lehrer64 schreibt: "Bin zwar sehr gerne Lehrkraft, aber es gibt im Leben ja noch andere schöne Sachen, die wo glücklich machen, nähmlich die Liebe und wer nicht waagt, der nicht gewinnt!" Da kann ich ihm nur zustimmen und hoffe von ganzem Herzen, dass er nicht Deutsch unterrichtet.

Carsten, 60 Jahre alt, beschreibt sich als sportlich, attraktiv, vielseitig interessiert und reiselustig.

Er möchte eine Frau kennenlernen, die seine Interessen teilt. Und eine ganz eindeutige Message an alle Damen, die gerade eine Trennung oder gar den Tod des Partners hinter sich haben, diese sollen sich gefälligst **nicht** bei ihm melden, sondern einen Therapeuten aufsuchen!

"Lieber Carsten," schreibe ich ihm, "würde Dich sehr gerne kennenlernen! Habe gerade eine Trennung hinter mir und bin sehr verzweifelt. Ich glaube, ich würde nicht so sehr leiden, wenn ich weniger sensibel wäre. Ich wäre am liebsten ein richtig gefühlloses Arschloch! Würdest Du mir zeigen, wie man eins werden kann? Liebe Grüße, Bärbel"

Einige Tage darauf schreibt Peter: " Hallo Bärbel, mir gefällt sehr, was ich sehe!"

Ja, was sieht er denn groß von mir, frage ich mich. Dann kommt eine lange Liste von beruflichen Erfolgen und Besitztümern. Er wäre unternehmungslustig, spontan und da er finanziell bestens versorgt sei, könne er es sich leisten, viel zu reisen. Am liebsten mit seinem Cabrio an die Cote d'Azur.

Laber, laber, Leberkäs' !!

Ich schreibe ihm, dass ich einen klapprigen Dacia fahre und mein nächstes Auto mit Sicherheit ein Fiat 500 werden wird, weil mir in schnellen Autos immer schlecht wird, besonders bei Serpentinenfahrten würde es mir speiübel werden und das geht dann so blitzschnell, dass der Fahrer gar nicht mehr zum Anhalten kommt.
Was soll ich machen, bin einfach ein Fan von Understatement :-)
Er schreibt nicht mehr zurück, ich glaube, ich gefalle ihm nun doch nicht so sehr.

Frau Löfferl fragt mich, ob ich denn diese Datingsache überhaupt richtig verstanden habe und dass ich **nicht** auf jede Anfrage antworten müsse.
"Doch, doch!", sage ich, denn ich seh' mich da schon in der Pflicht. Die Burschen müssen doch ein Feedback bekommen. Ernst gemeinte Anfragen werden charmant beantwortet und beim traurigen Rest seh' ich es eher als Lehrauftrag oder Recherche für mein Buch. Hab ich schon erwähnt, dass ich gerne Lehrerin geworden wäre?

"Ich bin ein ganz langweiliger Mann", beschreibt sich Hubert, 60 Jahre, in seinem Profil. "Ich möchte nur spazieren gehen und am liebsten

liege ich auf meiner Couch und schaue Fernsehen".
Was soll man da antworten?
Lieber Hubert, ich bin auch langweilig. Am liebsten schaue ich zum Fenster raus und zähle vorbeifahrende Autos. Wollen wir uns zusammen langweilen?

Als ich schon am Aufgeben bin, meldet sich Uwe aus Füssling.
Kein Blabla wie die anderen intellektuell Unbeteiligten, sondern natürlich, herzlich und interessiert an der Vespafrau und ihren Reiseabenteuern. Er habe ein ähnliches Abenteuer hinter sich und zwar per Motorrad eine Spanienumrundung mit dem Ziel, den Affenfelsen von Gibraltar zu sehen. "Ich bin Schütze", schreibt er zudem in seinem Profil, "habe gelesen, dass zum Schützenmann am besten eine Löwenfrau passt."
Er schlägt vor, zu telefonieren und ich habe ein gutes Gefühl dabei. Einen Tag später passt es bei uns beiden und ich rufe ihn an. Auch am Telefon kommt kein oberflächliches Blabla, er kommt ehrlich und sympathisch rüber, zuweilen recht ernst und seine Stimme ist angenehm dunkel, wenn auch ein bisschen verraucht.

Kurzum, ich würde gerne mehr über ihn erfahren.
Über WhatsApp kommt immer wieder ein netter Gruß von ihm und er fragt, wie es mir geht.
Bald schlägt er ein Treffen vor, doch ich habe noch ein paar Abenddienste abzuleisten und komme nicht weg.

Da wir circa 150 km voneinander entfernt wohnen, ist ein spontanes Treffen leider nicht so leicht umsetzbar.
Als wir wieder einmal telefonieren, meint Uwe, er habe zwischenzeitlich eine Frau kennengelernt und sie wären sich näher gekommen. Und dass er ehrlich sein und mich nicht hinhalten möchte.
Er ist erleichtert, als ich ihm sage, dass es für mich völlig in Ordnung ist und ich wirklich dankbar für seine Offenheit und unsere Gespräche bin.
Ein kleines bisschen bin ich natürlich traurig, aber trotzdem bleibt ein gutes Gefühl zurück, denn ich habe gemerkt, dass ich tatsächlich wieder bereit für eine neue Beziehung bin.

Inzwischen haben Frau Löfferl und ich unsere Freundschaft vertieft und beschließen, miteinander in die Toskana zu fahren. Ich lasse meine Cesarina in der Werkstatt durchchecken, während sich Frau Löfferl eine Leih-Vespa nimmt. Am Abreisetag taucht sie pünktlich vor meinem Zuhause auf und präsentiert stolz ihre wasserdichten Reisetaschen, die sie sich noch in letzter Minute angeschafft hat.

Ich schaue auf meine Cesarina, wie sie so da steht - bepackt mit **nicht** wasserdichten Ledertaschen in den Farben Italiens. Die Vespa einer unverbesserlichen Optimistin, es darf halt nicht regnen! Optimismus ist eh ein ganz tolles Wort, wie ich finde. Rückwärts liest es sich übrigens „Sumsi mit Po", muss man wissen.

"Und?", fragt mich Frau Löfferl, "Wo geht´s hin?"
"Viva Italia!" sage ich grinsend und wieder einmal geht´s los, ohne Routenplan und ohne Tagesziel. Nur eine einzige Übernachtung ist gebucht, denn ich möchte einen Geschenkgutschein einlösen, den ich zu meinem 60. Geburtstag bekommen habe:

Das Museumshotel "Al Plan" in St. Vigil, Südtirol erwartet uns am übernächsten Tag.
Bei wolkenfreiem Himmel starten wir Richtung Brenner. Mit Handynavi und Stöpsel im Ohr schwingen wir uns auf der B2 durch die Voralpenlandschaft. Ohne Hetze geht es über Murnau und Garmisch, bis wir schließlich am frühen Abend in Innsbruck eine Unterkunft buchen.

Unser Hotel liegt etwas außerhalb, aber macht ja nix. Wir bringen unser Gepäck aufs Zimmer und fahren mit unseren Vespas gemütlich in die Innenstadt. Dort bummeln wir durch Innsbrucks wunderschöne Altstadt, bestaunen das Goldene Dachl und genießen eine echte Tiroler Spezialität: Schlutzkrapfen, auch als "Schlutzer" bezeichnet. Sie ähneln den italienischen Ravioli und werden daher in Italien Ravioli tirolesi oder Mezzelune (Halbmonde) genannt.

In Südtirol werden die Teigtaschen meist mit Spinat und Topfen gefüllt, es gibt aber auch herzhaftere Varianten mit einer Füllung aus Kalb oder Rind und Kartoffeln. Ein Tiroler Klassiker sind Schlutzkrapfen mit Rote Beete und Speck, während sie in Schwaben als Maultaschen bekannt sind - dort im Original mit einer Füllung aus Hackfleisch und Zwiebeln.

Am nächsten Morgen machen wir in unserem Frühstücksraum eine kuriose Beobachtung: Ein junger Asiate schneidet in Gedanken versunken seine Semmel auf. Er sticht mit der Gabel in die selbige und säbelt sie mit seinem Messer korrekt in zwei Hälften, ohne das Brötchen mit der Hand zu berühren. Er schafft es sogar, ohne direkten Hautkontakt die Hälften mit Butter und Marmelade zu bestreichen! Anschließend schneidet er sie in mundgerechte Stücke, spießt sie auf und lässt sie in seinem Mund verschwinden.

Frau Löfferl und ich blicken uns ratlos an. Hat er etwa Angst vor einer Kontamination? Aber warum isst er sie dann? Das macht ja nur Sinn, wenn er zuvor mit Desinfektionsmittel gegurgelt hat, oder? Vielleicht graust es ihm ja einfach nur, weil er vergessen hat, sich nach der Toilette die Hände zu waschen? Non mi spiega, es erschließt sich mir nicht, wie der Italiener sagen würde.

Wir könnten nun weiter auf der A13 zum Brenner fahren, entscheiden uns jedoch für die alte Brennerstraße und düsen durch Matrei, Sterzing und Franzensfeste. Das Fahren auf der Autobahn macht ja keinen Spaß, wenn es für unsere Vespas erlaubt ist ;-)
Bei Brixen-Pustertal geht's links ab Richtung Bruneck, wir streifen St. Lorenzen und erreichen am frühen Nachmittag St. Vigil, ein charmantes Bergdorf mitten im Naturpark Fanes-Sennes-Prags gelegen.
Hier, im nördlichsten Gebiet des Gadertals in Südtirol, befindet sich unsere heutige Unterkunft: Das Hotelmuseum Plan mit seinen Mottozimmern.

Theodora, die Hotelchefin, begrüßt uns mit einem herzlichen "Bun di!",
was so viel heißt wie "Grüß Gott" oder "Guten Tag", denn hier, im Südtiroler Gadertal wird noch das Ladinische gesprochen.

Das Sprachgebiet der Dolomitenladiner umfasst neben dem Gadertal noch vier weitere ladinische Gebiete rund um den Sella-Block der Dolomiten: Gröden in Südtirol, das Fassatal im Trentino, Buchenstein sowie Cortina d´Ampezzo in der Provinz Belluno/Venetien.

Vor gut 2000 Jahren wurde das Gebiet der Alpenvölker von den Römern in verschiedene Provinzen unterteilt, in denen sich auch Bürger des Römischen Reiches mit ihrer lateinischen Sprache ansiedelten. Im Laufe der Zeit entwickelte sich die Sprache dieser Alpentäler zu einer "vulgärlateinischen" Variante, zu einem ganz eigenen romanischen Dialekt.
Circa 4 % der Bevölkerung sprechen heute noch Ladinisch, welches häufig dem Rätoromanischen zugerechnet wird.
Unser Hotelzimmer ist ganz im Stile der Vespa eingerichtet: Die Nachttischchen wurden aus originalen Seitenhauben (ich nenne sie auch gerne "Hinterbacken") einer alten Vespa gebaut, die Nachttischlampe war ursprünglich ein alter

Scheinwerfer, montiert auf einer zum Lampenfuß umfunktionierten alten Bremsscheibe.

An den Wänden hängen nostalgische Bilder von den ersten Vespa- und Lambretta Rallyes - man weiß gar nicht, wo man zuerst hinschauen soll und unsere Vespaherzen schlagen wild im Zweitakt.

Als ich unseren Balkon betrete, um den wundervollen Ausblick zu genießen, trifft mich fast der Schlag!

Direkt über mir ragt die vordere Hälfte eines Starfighters aus der Hauswand - ich kann fast das Fahrwerk berühren!

Ich ziehe einen Stuhl heran, steige darauf und inspiziere das Fahrwerk: Die Räder lassen sich tatsächlich drehen. Tadellos, oder wie der eingefleischte Bayer sagen würde: Eimwampffrei!

Das Hinterteil der Maschine wurde auf der Rückseite des Hauses verbaut und schmückt das Ende des Infinitypools der Dachterrasse.

Es kommt einem vor, als würde man auf dem Dach eines Flugzeugs direkt in die Bergwelt hineinschwimmen. Mit Düsenantrieb. Wahnsinn. Am Sonnendeck mit Sandstrand beiße ich herzhaft in einen knackigen, südtiroler Apfel, der mir leider anschließend aus der Hand rutscht und im Sand landet. Natürlich auf der angebissenen Seite, war klar.

Theodora erzählt uns später, dass die Anlieferung des ehemaligen Militärflugzeugs, ein Starfighter Typ F104S, im Ort für erheblichen Aufruhr sorgte. Die riesige Maschine wurde von Rimini auf einem Tieflader in den kleinen Ort transportiert. Auf dem Hotelgebäude, damals noch eine Baustelle, war kein Platz für das riesige Teil, also musste der Starfighter auf dem öffentlichen Dorfparkplatz zwischengeparkt werden. Eine Woche lang wurde er von der Bevölkerung misstrauisch beäugt und manch einer befürchtete sogar, ein Krieg wäre ausgebrochen. Es wurden Fotos vom mysteriösen Eindringling geschossen und postwendend dem Bürgermeister von St. Vigil präsentiert. Nach einer Woche zitierte der Bürgermeister, nennen wir ihn Don Camillo, den designierten Hotelchef Maurizio zu sich ins Rathaus. Der folgende Dialog hat nach Maurizios Erzählungen in etwa so stattgefunden:

"Maurizio, hast Du wirklich diesen Starfighter gekauft?"
"Ja, Herr Bürgermeister, das habe ich."
"Aber das geht doch nicht, Maurizio!"
"Warum denn nicht, verehrter Herr Bürgermeister? Ich habe einen Kaufvertrag und bezahlt habe ich den Flieger auch schon!"
"Weil wir keinen Flughafen haben, Maurizio!", erklärt ihm Don Camillo. "Wo willst du hier starten und landen?

Maurizio, der Visionär und Raritätensammler, erzählt dem Bürgermeister von seinen Plänen, ein einzigartiges Hotel zu bauen. Keinen modernen, seelenlosen Touristenbunker, wie es schon so viele gibt, sondern eine Herberge und Museum in einem. Ein Haus für Liebhaber alter Fahrzeuge, er wolle die in Vergessenheit geratene Hand-werkskunst ehren und den Besuchern die Traditionen seiner Heimat näherbringen.

"Meinetwegen," meinte der Bürgermeister darauf-hin, "aber schaff die Maschine hier weg, die Leute rennen mir schon die Bude ein. Der letzte hat mich gefragt, ob wir jetzt einen Luftschutzbunker brauchen!"

Nach unserem "flightswim" erkunden wir unser Hotel und kommen aus dem Staunen nicht mehr heraus.
44

Es gibt nicht nur ein Vespazimmer, sondern auch noch eines für Fans von Harley, Ducati, Ferrari, antiken Uhren, Marionetten, Schuhmacher sowie alten Hüten.

Über unserem Zimmer befindet sich das "Frecce tricolori" - mit einem echten Cockpit auf dem Balkon.
Frecce Tricolori ist eine im Jahre 1961 gegründete Kunstflugstaffel der italienischen Luftwaffe, weiß google. Traurige Berühmtheit erlangte sie jedoch durch das Flugunglück von Ramstein 1988, als drei Maschinen der Frecce Tricolori zusammenstießen und siebzig Todesopfer und hunderte von Verletzten hervorbrachte. Es dauerte lange, bis das Vertrauen des flugbegeisterten Puplikums wiedergewonnen war.

Während der Trauerfeier um Luciano Pavarotti in Modena (2007) salutierten die Frecce Tricolori durch einen Überflug mit Rauchstreifen in den italienischen Nationalfarben. Als Tribut an den großen Künstler wird zum Finale der alljährlichen Flugshow die Arie „Nessun Dorma" eingespielt.

Uralte, geschnitzte Holzmasken aus dem beginnenden 19. Jahrhundert schmücken die Wände der Hoteletagen - die meisten aus dem

Südtiroler Raum, einige auch aus Österreich und Deutschland.

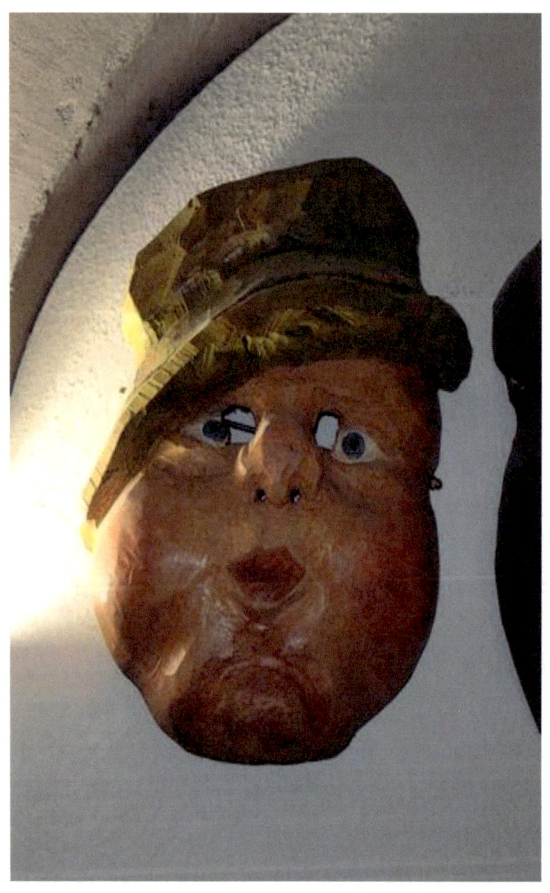

Auf einem anderen Stockwerk finden wir Regulator-Uhren in kunstvoll geschnitzten Gehäusen, antike Skelettuhren (Comtoise Uhren) also jene ohne Gehäuse, dafür mit langen Perpentikeln in Ruhestellung, die nur darauf warten, durch einen gnädigen Stups wieder zum Leben erweckt zu werden. Was wir natürlich machen. Heimlich. Reanimation der Zeitmesser - die Geschichte wieder auferstehen lassen, ob wir das wirklich wollen?

Als es um uns herum hundertfach tickt und tockt, freuen wir uns diebisch und stehlen uns davon zum Abendessen. Als wir nachts in unser Hotel zurückkommen, stehen alle Pendel wieder still. Maurizio erzählt mir später, er hätte uns die Ohren umgedreht, wenn er uns dabei erwischt hätte.

Denn es gebe nur einen Einzigen, dem es erlaubt sei, die Pendel anzustoßen:
Lorenzo, 90-jähriger Stammgast des Hauses, hat einmal im Jahr das Privileg, die Uhren zum Laufen zu bringen. An diesem ganz besonderen Tag stupst der alte Signore morgens um 9 Uhr alle freischwingenden Uhrenpendel an, um sie dann abends um 21 h wieder anzuhalten.

Nun, da mir Maurizio diese schöne Geschichte erzählt hat, weiß ich nicht, wie er reagieren wird, wenn er erfährt, was wir in seinem Keller angestellt haben.

"Das müsst Ihr Euch anschauen", fordert uns Theodora auf. "Unser Keller ist eine wahre Schatzkiste!" Da lassen wir uns nicht lange bitten, steigen die Treppe hinab und landen in einem El Dorado für Freunde alter Handwerkskunst. Die Wände hängen voll mit urigen Brotschaufeln, alten Nudelhölzern, hölzernen Kaffeemühlen und unzählig weiteren antiken Küchenutensilien.

"Uiiiii…." staunt Frau Löfferl, als sie mit ihrem Finger über eine alte Kaffeemühle wischt, "schau mal, wie gepflegt das alles ist.....überhaupt kein Staub drauf!" Wir stromern weiter durch die verwinkelten Gänge des Kellers, kommen an einer winzig kleinen Kapelle vorbei und stehen plötzlich vor einem Regal mit kunstvoll geschnitzten Korkenfiguren. Die meisten davon haben einen kleinen Hebel auf der Rückseite, der eine Mechanik vermuten lässt.

Maurizio, falls Du das jetzt liest, Frau Löfferl kann nichts dafür! Sie hat mich nur gefragt, was die einzelnen Figuren denn so können. Und ich kann es ihr ja schließlich nicht am eigenen Leib vormachen, wie das Eselchen Kopf und Schwanz gleichzeitig bewegen kann oder der putzige Elefant mit seinen Ohren wackelt.

Seeeeeehr vorsichtig nehme ich ein kleines Korkenmännchen aus dem Regal, das eine Weinflasche in der Hand hält und beim Bedienen des kleinen Hebels den Arm zum Kopf hebt und gleichzeitig den Mund aufreißt, ein kleiner Schluckspecht also. In meiner Vorführung für Frau Löfferl singt er auch noch "Ja ja, der Chiantiwein....." dazu.
Es gibt sogar Korken mit zwei Köpfen, Männlein und Weiblein, die beim Drücken des Hebels ihre Köpfe zueinander drehen und mit ihren gespitzten Mündern einen Kuss simulieren. "Mogst a Busserl, Zenzi?" könnte er sagen, der Sepp.
"Oiso mia wars wurscht!"

Maurizio erzählt mir bei einem späteren Interview, er habe den Großteil dieser Korkenfiguren auf einem Münchener Trödelmarkt entdeckt und sie quasi für sein Land Südtirol zurückerworben. Er ist der Meinung, dass diese kleinen Schätze den Weg in die Heimat zurückfinden müssen, schließlich stammen die meisten davon aus dem Grödnertal.

Am Morgen unserer Abreise dürfen wir noch die Oldtimer im Anbau des Hotels bestaunen und fahren anschließend überwältigt und beglückt weiter in Richtung Gardasee.

2° VESPA RADUNO
DOLOMITI 2019
c'ero anch'io
Al Plan

"Den Gardasee kurz geküsst" betitelt Frau Löfferl eines ihrer Fotos, denn nach unserer Übernachtung in Riva del Garda brausen wir schon weiter Richtung Florenz.

Ich flitze vertrauensvoll hinterher, da stoppt sie plötzlich und schüttelt den Kopf. "Das gibt´s doch nicht!" wundert sie sich, "die Navitante spricht plötzlich nicht mehr deutsch! Ja, was ist denn das für eine Sprache?". Sie hält mir ihren Ohrstöpsel ans Ohr und ich höre etwas wie "Mosche li smeschke". Bin mir nicht sicher, ob wir da hin wollen und übernehme lieber die Routenführung mit Hilfe meines eigenen Handynavis.

Heute ist es ziemlich bewölkt, das trübe Wetter begleitet uns den ganzen Tag. Kurz vor Florenz legen wir einen Stopp ein, um nach einer Unterkunft zu googeln. Frau Löfferl schaut besorgt gen Himmel, denn es fängt an zu tröpfeln. "Ach was," beurteile ich die Lage, "des derma gar ned erst ignorieren!", doch sie schlüpft vorsichtshalber in ihre Regenhaut, während ich am Handy nach einer Unterkunft suche.
"Was sagt Dein Handy, Frau Löfferl?", will ich wissen. "Takanaki tabemawaschi" meint sie und schaut mich ratlos an.

Am späten Abend, es ist gerade noch hell, checken wir südlich von Florenz in einem wunderschönen Landhaus ein. Die Chefin des Hauses kocht selbst, aber nur toskanische Gerichte, wie sie betont. Tagliatelle con cinghiale, sag ich nur! Ein wahrhaft köstliches Gericht….zartes Fleisch vom Wildschwein in dunkler Soße.

Die Küchengöttin empfiehlt als Dessert "Cantuccini con Vin Santo" und ich schlage begeistert zu, denn ich glaube mich zu erinnern, dass man dabei die Cantuccini in einen süßlichen Wein eintauchen darf, was ich ganz hervorragend finde. Und es schmeckt himmlisch!

Bärbel, die neugierige, googelt später natürlich nach der Herstellung des "Vin Santo" und erfährt, dass die dafür benötigten Trauben bis Weihnachten auf dem Dachboden getrocknet werden, um sie zu rosinieren und somit süßer werden zu lassen. Nach dem Keltern reift der Wein noch mindestens drei Jahre in kleinen versiegelten Eichenfässern, sogenannten caratelli, die wieder in einem Raum unter dem Dach aufbewahrt werden. Dadurch ist der Wein abwechselnd Hitze und Kälte ausgesetzt, was ihn sehr robust und ölig macht.

Am nächsten Morgen fahren wir nach Florenz. Am hoch gelegenen Piazzale Michelangelo parken wir unsere Vespas und genießen einen atemberaubenden Blick auf den Arno, den Ponte Vecchio und die Florentiner Altstadt. Wir laufen hinunter zum Arno, überqueren den Ponte Vecchio mit seinen kleinen Ladengeschäften und ich zeige Frau Löfferl den ehemals privaten Vasari-Korridor, der über den Läden verläuft. Der Korridor, war einst der geheime Fußweg der Medici, die auf diese Weise von ihrem Regierungsgebäude, dem Palazzo Vecchio zu ihrem "Wohngebäude", dem Pittipalast gelangen konnten, ohne die öffentlichen Gassen betreten zu müssen. An den Wänden des 800 Meter langen Corridoio Vasariano, der zudem noch durch eine Kirche führt, hängen zahlreiche Selbstporträts namhafter Künstler der Renaissance bis hin zur Neuzeit.

Giorgio Vasari (16. Jhd.), der Baumeister dieses Laufgangs, war ein italienischer Architekt, Hofmaler der Medici und zudem Biograph von Leonardo da Vinci, Raffael und Michelangelo.

Er gilt somit als einer der ersten Kunsthistoriker jener Zeit. Du Gscheithaferl, würde mein Schwiegersohn, der jüngere, mich spätestens jetzt belobigen.

Das Wetter ist herrlich und wir bummeln entspannt durch die Gassen der Altstadt, kommen an der Loggia del mercato nuovo, dem Markt für Lederwaren vorbei und beobachten amüsiert eine Gruppe japanischer Touristen, die brav in einer Schlange stehen, um an der Fontana del Porcellino dem bronzenen Wildschwein über die Nase zu streichen. Das soll Glück und Wohlstand bringen - dem Wildschwein jedenfalls hat es zu einer goldenen Nase verholfen.

Vor den Uffizien, der weltberühmten Gemäldegalerie und ehemaligen Büroräumen der Medici, warten geduldig lange Schlangen von Touristen. Ebenso vor dem Dom Santa Maria del Fiore und dem gegenüberliegenden Baptisterium. Ich hätte Frau Löfferl so gerne die sagenhafte Kuppel von Brunelleschi gezeigt, aber ohne Ticketvorbestellung heute keine Chance! Also bestaunen wir die Bauwerke der großen Meister von außen und schauen den Kunstmalern, die sich rund um den Dom niedergelassen haben, über die Schulter.

Dante lebt!

Florentiner nennt man sie, die Bewohner dieser wunderschönen Stadt.

Diese Bezeichnung hat sich auch auf den berühmten, breitkrempigen Strohhut übertragen, der bereits Mitte des 18. Jahrhunderts von Kunstmalern als Requisit für Damenportraits verwendet wurde. Ursprünglich war der Florentinerhut ein dominantes Accessoire mit einer gewaltigen Krempe, aus Weizenstroh gefertigt und mit kostbaren Bändern aus Chiffon oder Seide verziert. Ein edles, damenhaftes und zugleich liebliches Kleidungsstück, quasi das I-Tüpfelchen für das Outfit seiner Trägerin. Beliebt bis in die 1920er Jahre erlebte er sein Comeback in den 50er Jahren, man denke nur an die Sissi-Filme.

Heute sieht man den Florentiner meist nur noch auf den Köpfen der Gondolieri in der abgespeckten Variante, mit einer deutlich schmäleren Krempe als zu Beginn seiner Geschichte. Am Ende unserer Florenz Tour erstehen wir am Piazzale Michelangelo noch einen Florenz-Aufkleber für unsere Vespas und fahren zurück in unser edles Landhaus für eine weitere Nacht.

Am nächsten Morgen wird das Frühstück im Garten unter einem weißen Baldachin serviert, was an Romantik kaum mehr zu toppen ist. Es fällt uns beinahe schwer, diesen schönen Ort wieder zu verlassen, doch es lockt bereits Cortona.

Wir beschließen, einige Tage in Cortona zu bleiben, um von dort Tagesausflüge in die schönsten Orte dieser Gegend zu unternehmen. Unterwegs halten wir uns nicht lange auf, genießen einfach die toskanische Landschaft und kommen bereits am Nachmittag bei Rachele im Agriturismo "Il Frantoio" an.
Es hat über 30 Grad, da kommt uns der Pool neben dem großzügig angelegten Gemüsegarten gerade recht.

Rachele, eine schlanke Frau mit langen, dunkelbraunen Haaren, staunt nicht schlecht, als sie uns mit unseren Vespas kommen sieht. Der Empfang ist überaus herzlich - sie zeigt uns unser Apartment und wir sind begeistert: Große Flügeltüren führen direkt in den begrünten Hof, die Wände bestehen aus unverputzten, rot-braunen Ziegelsteinen und an den dunklen Holzbalken der Zimmerdecken hängen große, mit dickem Garn umhäkelte Lampen. Das breite Doppelbett ist von einem Baldachin gekrönt und das kleine Wohnzimmer bestückt mit alten, dunklen Möbeln.

Das "Frantoio" ist eine seit 1484 bestehende Ölmühle und wird auch heute noch von Rachele und ihrem Mann Paolo betrieben. Die ursprünglich mit einem Wasserrad betriebene Mühle geht noch auf das Mühlenprojekt von Leonardo da Vinci zurück, erzählt mir Rachele später.

Seit drei Generationen befindet sich die Mühle im Familienbesitz. Der Großvater Paolos, Michele Valiani, war der Faktor des Grafen Ricasoli und produzierte auf diesem Anwesen den "Conte Ricasoli Nobile", ein aus der Sangiovese-Rebsorte gewonnener Spitzenwein der Toskana. Was genau ist ein Faktor, frage ich mich und Rachele klärt mich auf:
Die damaligen Faktoren waren ausgezeichnete Buchhalter und Agronomen, einem heutigen Verwalter oder Geschäftsführer gleichzusetzen. Durch ihr großes Wissen und die Fähigkeit einen Gutshof, ein Weingut oder auch eine Mühle erfolgreich führen zu können, kamen sie nicht selten zu Wohlstand und eigenem Grundbesitz.

Frau Löfferl und ich gönnen uns ein paar gemütliche Stunden am Pool und werden anschließend in Racheles Gastraum mit wunderbarer, klassischer Musik empfangen. Wir können uns nicht satt sehen an den liebevoll dekorierten Nischen des alten Gewölbes. Schummriges Licht umhüllt uns schmeichelnd, Kerzen brennen in silbernen Kerzenhaltern und Frau Löfferl und ich bekommen glänzende Augen. Als dann noch der berühmte Walzer Nr. 2 von Dimitri Schostakowitsch aus den versteckten Lautsprechern dudelt, schnappe ich mir Frau Löfferl und wir legen einen schwungvollen Walzer aufs Parkett, der in Wahrheit natürlich ein Steinboden ist. Rachele ist davon so entzückt, dass sie uns mit ihrem Handy filmt.

Zur Belohnung werden wir mit einem toskanischen 4-Gänge-Menue verwöhnt. Der Hauswein schmeckt vorzüglich und die Stimmung könnte nicht besser sein. Wir lachen viel und sind einfach nur glücklich.

Rachele setzt dem Ganzen noch die Krone auf und legt ein in Leder gebundenes Buch auf unseren Tisch. Langsam schlägt sie es auf und beobachtet dabei unsere Reaktion: Es ist eine Buchlampe mit illuminierten Seiten und kommt in dem dunklen Gastraum wunderbar zur Geltung. Mehr Romantik geht nicht!

Am nächsten Morgen fahren wir mit unseren Vespas nach Assisi, verlassen dafür die Toskana in östlicher Richtung und landen in Umbrien.

Ich war bereits im Jahr zuvor in Assisi, auf der Rückreise meiner Sizilienreise, und mir war klar, dass ich nicht zum letzten Mal dort gewesen bin. Assisi ist die Geburtsstätte des heiligen Franziskus (1181-1226), des Gründers der Minderen Brüder, heute Franziskaner oder Minoriten. Die ihm zu Ehren erbaute Basilika ist eine imposante Kirche auf zwei Ebenen. Die im Jahre 1230 fertig gestellte Unterkirche besticht durch ihre wundervolle Deckenbemalung in kräftigem Blau mit goldenen Sternen sowie den Gemälden eines unbekannten Meisters, der die Passionsgeschichte Christi sowie Szenen aus dem Leben des hl. Franziskus darstellt. Der zunächst in San Giorgio beigesetzte Franziskus wurde 1230 in eine Felsengruft der Unterkirche überführt, was jedoch aus Angst vor Grabschändung und Reliquienhandel geheim gehalten wurde. Erst bei Ausgrabungen im Jahre 1818 wurde die Gruft exakt unter dem Altar der Unterkirche wiederentdeckt und freigelegt. Heute ist die Krypta ein viel besuchter Wallfahrtsort.

Die Oberkirche von San Francesco spielt eine große Rolle in der italienischen Kunstgeschichte. Ein großer Freskenzyklus zeigt die wichtigsten Stationen der Franziskuslegende und wird Giotto di Bondone, kurz Giotto genannt, zugeschrieben.

Assisiani oder Assisani ist die Bezeichnung für Assisis Einwohner, meist harmlose Zeitgenossen - im Gegensatz zu einem Assassin, da wird schnelles Wegrennen empfohlen.

Es gäbe noch viel über Assisi zu berichten, es würde ein eigenes Buch füllen. Es ist nicht nur seine interessante Geschichte, auch die Lage des Städtchens - auf einem umbrischen Hügel gelegen, mit seinem atemberaubenden Ausblick auf die malerische Landschaft Umbriens überwältigt wohl jeden seiner Besucher. Auch wir sind am Abend von den vielen Eindrücken völlig erledigt und kehren hungrig in Racheles Refugium zurück.

Auf unserem "Agriturismo" wird eines der Pferde, Lampo, wie ein Haustier gehalten und spaziert frei im Hof umher. Neugierig steckt es seinen Kopf durch die weit geöffneten Türen des Gastraums und wird umgehend von Racheles Mitarbeitern zurück auf den Hof gescheucht.

Wir wundern uns über die großen tönernen Blumentopf-Untersetzer, die überall umgedreht auf der Wiese verteilt sind. Vorsichtig lüpfe ich einen, um zu sehen, was darunter wohl versteckt sein mag. Es sind Lampos Pferdeäpfel, die hier anscheinend gebacken und später als Dünger verwendet werden.

Am nächsten Tag besuchen wir Cortona, das nicht nur für sein mittelalterliches Stadtbild bekannte Hügelstädtchen.

In der Einsiedelei "Le Celle" findet man die Spuren des heiligen Franz von Assisi, der hier im Jahr 1211 einen Rückzugsort zum Gebet suchte. Der junge Adlige Guido Vagnottelli schenkte ihm ein unbebautes, menschenleeres Gelände, worauf Franziskus die erste "Cella" bauen ließ.
Guido, der zum Anhänger Franziskus wurde, nahm dort mit weiteren Brüdern das Ordensleben auf. Im Laufe der folgenden Jahre wurde die am Berghang gelegene Einsiedelei um weitere Zellen, ein Oratorium (Bethaus) sowie einem Refektorium (klösterlicher Speisesaal) erweitert. Heute ist das Kloster ein spirituelles Zentrum und nennt sich Casa di preghiera, Haus des Gebets.

"Cortonesi" nennen sie sich, die Einwohner Cortonas.

Rachele hat uns eine hübsche Route östlich von Arezzo empfohlen, die ein Traum für jeden Biker sein soll. Nach einem kleinen Stadtrundgang in Arezzo schwingen wir uns auf unsere Vespas und sind gespannt, welch wundervolle Landschaft uns erwartet. Nach anfänglichen Schwierigkeiten finden wir schließlich östlich von Arezzo den "Einstieg" in unsere Tour.
Kilometerlang geht es kurvenreich bergauf und wir sind entzückt. Bis die asphaltierte Straße endet und wir plötzlich nur noch Sand und Kiesel unter uns sehen. Wir versuchen es noch eine Weile weiter und kämpfen uns tapfer durch die mit Kies aufgefüllten Furchen und geben schließlich auf. Wir checken die Lage auf unserer Handymap, doch Fehlanzeige! Hier oben findet mein Handy kein Netz. Frau Löfferls Navy äußert sich nur noch auf bulgarisch.

Also kehren wir wieder um und lassen unsere Vespas wieder hinunterrollen. Bergab erscheint der Weg noch viel schlimmer als bergauf. Ich lasse die Füße seitlich runter hängen, um mich abfangen zu können, falls die Vespa wegrutschen sollte.

"Nimm die Füße hoch!" schreit Frau Löfferl hinter mir, "die Füße bringen dir gar nix!"
Ich probier's und ziehe die Füße wieder an und merke, dass es mir sehr wohl etwas bringt, die Füße baumeln zu lassen. Die Füße sind nämlich direkt mit meinem Hirn verkabelt und signalisieren moralische Sicherheit.
Als wir endlich wieder in Arezzo ankommen, bin ich schweißgebadet und wahnsinnig erleichtert.
Übrigens nennt man sie Aretini, die Einwohner Arezzos.

Nun steht noch Montepulciano auf unserer Liste:

Allmählich ist unser Speicher voll von Eindrücken, aber dieser hier bleibt uns wohl für
immer im Gedächtnis:
Nach der Stadtbesichtigung Montepulcianos
bekommen wir Hunger und finden uns in einem
urigen Restaurant voll Kitsch und Kunst wieder.
Der Capo des Ristorante, ein großer Mann mit
stolzem Auftreten, geht von Tisch zu Tisch und
bringt zur Freude der Gäste italienische Arien zum
Besten. Auf meinen Wunsch singt er für uns mit
beeindruckendem Tenor "Nessun Dorma". Wir
applaudieren begeistert.
Und nun passiert etwas, womit er bestimmt nicht
gerechnet hat: Ich trällere zurück! Kaum stimme
ich für ihn Puccinis "Oh mio babbino caro" an, da
reißt er theatralisch die Arme gen Himmel und ruft
begeistert: „Mozart! Meraviglioso!" (Wundervoll)

Als wir an der Kasse auf unsere Rechnung warten, ertönt erneut Nessun Dorma - diesmal von einer CD. Der Padrone eilt herbei und als ich nach der Rechnung frage, bedeutet er mir zu schweigen und der wundervollen Musik zu lauschen. Er ergreift meine Hand, umklammert sie fest wie ein Schraubstock und drückt sie an sein Herz. Ich versuche vorsichtig, meine Hand wieder zurückzubekommen, doch er packt sie noch fester und fuchtelt mit der anderen Hand Richtung Himmel bzw. Lautsprecherbox.Mit geschlossenen Augen gibt er sich ganz der Musik hin und ich muss warten, bis Pavarotti zu Ende gesungen hat. Als er meine Hand wieder frei gibt, hat er Tränen der Ergriffenheit in den Augen. Erst dann dürfen wir unsere Rechnung begleichen. Zum Abschied gibt's für Frau Löfferl und mich vom Padrone della casa Baci rechts und links auf unsere vor Ehrfurcht geröteten Wangen. Wie oft er das wohl schon gemacht hat, denke ich und revanchiere mich kurzerhand: Mit beiden Händen packe ich seinen Kopf und ziehe ihn zu mir herunter. Schmatz, schmatz, kriegt er auch von mir ein paar Baci ab und ich hauche ihm ein "Grazie" ins Ohr. Auf dem Heimweg frage ich Frau Löfferl, ob sie diesen denkwürdigen Augenblick gefilmt habe. Nein, meint sie, sie habe sich nicht getraut, sie hätte sich in ehrfürchtiger Erstarrung befunden.

Auf der Rückfahrt zu unserem romantischen Landhaus klatscht mir ein riesengroßes Federvieh beinahe an den Helm.
Ich tippe auf eine Ente, Frau Löfferl jedoch ist sich sicher, dass es ein Fasan war. Egal, hätte beides gut geschmeckt.

Beim Betreten unseres Apartments entdeckt Frau Löfferl einen schwarzen Skorpion am Vorhang. Uns wird leicht mulmig und ich renne zur Köchin, die uns sofort mit Schaufel und Besen zu Hilfe eilt. Der Skorpion wird vom Vorhang gekehrt, fährt noch entrüstet seinen Giftstachel aus, schlägt ihn wütend hin und her, landet schließlich in der Schaufel und die Köchin rennt mit ihm davon. "Vai a Cortona!" rufe ich ihr nach- sie soll mit dem Schurken bis Cortona laufen, das circa 2 km von uns entfernt liegt.
Aber nein, sie lässt ihn nur ein paar Meter vor unserer Terrazza wieder frei und empfiehlt uns, unsere Schuhe vor dem Anziehen immer gut auszuklopfen.
Frau Löfferl ist etwas beunruhigt und befürchtet, Skorpione könnten nachts auf unser Bett krabbeln. Ruhig Blut, sage ich, Skorpione sind grundsätzlich scheue Zeitgenossen, außerdem habe ich den grünen Gürtel in Taekwon-Do. Die folgende Nacht verläuft ruhig. Ich schlafe wie ein Bär. Keine Ahnung, ob sich ein Skorpion zu uns

gekuschelt hat. Ich höre Frau Löfferl nicht schreien und am nächsten Morgen leben wir noch.

Zeit zum Aufbruch: Es scheint wieder ein heißer Tag zu werden. Mit unseren aufgepackten Vespas fahren wir nach Siena. Am Rande der Altstadt stoßen wir auf eine lange Reihe von am Straßenrand geparkten Mopeds und quetschen unsere Maschinen dazwischen. Ich befestige die Alarmanlage an Cesarinas Vorderreifen. Sollte jemand die Vespa auch nur ganz leicht berühren, gibt es einen Höllenlärm, der den Räuber (im Idealfall ohne meine Vespa) subito in die Flucht schlägt.

In den Gassen Sienas sind noch die Spuren des letzten Palio zu erkennen. An den Fassaden der Häuser hängen die Fahnen der Contraden, auch die Schaufenster sind mit verschiedensten Wappen geschmückt. Ähnlich unserer Mittelalterfeste werden auch hier Rüstungen, Schilder und Schwerter für kleine und große Möchtegern-Ritter zum Kauf angeboten.

Der Palio di Siena ist das wohl härteste Pferderennen der Welt und wird am zentralen Platz Sienas, auf der Piazza del Campo, ausgetragen. Seit dem Mittelalter treten zweimal jährlich die Stadtteile Sienas (Contraden) gegeneinander an.

Pro Rennen sind nur zehn der insgesamt 17 Contraden zugelassen, und zwar immer jene sieben, die beim Vorjahresrennen aussetzen mussten sowie drei weitere Contraden, die das Los bestimmt. Jede Contrade wird durch einen Reiter und ein Pferd repräsentiert. Beide tragen die Farben und Wappen der entsprechenden Contrada. Gewinnt eine Contrada beide Rennen in einem Jahr, wird der Sieg "Cappotto" genannt, zu deutsch: Mantel.

Der Name Palio kommt vom lateinischen pallium - Tuch/Umhang. Später bekam das Wort auch die Bedeutung Fahne bzw. Standarte. Die siegende Contrada bekommt eine Standarte als Preis, ein buntes Seidenbanner an einer Hellebarde befestigt, den "Palio".

Vor dem Rennen findet ein historischer Umzug statt, in dem sich die Contraden in mittelalterlichen Kostümen und ihren Wappen präsentieren. Trommler und Fahnenschwinger ziehen durch die Stadt und begleiten ihren jeweiligen Favoriten mit großem Getöse.

Die Rennbahn ist ein 300 m langer Rundkurs auf dem äußeren Ring der D-förmigen Piazza del Campo. Speziell für dieses Rennen wird eine Mischung aus Tuff und Sand aufgebracht und festgestampft, damit die Pferdehufe Halt finden. Dreimal müssen die Reiter auf ihren Pferden um den Platz und brauchen hierfür circa 100 Sekunden. Die Pferde werden ohne Sattel geritten und sind, wie auch die Jockeys, nicht Eigentum der Contraden, sondern speziell für den Palio angemietet. Gegenseitige Behinderungen sind beim Rennen zulässig, einschließlich der Einsatz von Ochsenziemern gegen die Konkurrenten (Reiter und Pferd !!).

Italienische Tierschützer kritisieren seit langem das Rennen als Tierquälerei. Die scharfen Kurven des Parcours sorgen dafür, dass die Pferde ungebremst gegen Häuserwände laufen. Obwohl an einigen Stellen das Mauerwerk gepolstert wird, kommt es immer wieder zu schlimmen Unfällen, bei denen Pferde zu Tode kommen.
Dennoch stehen jedes Mal Tausende von Besucher im Innern der Kreisbahn, um Ross und Reiter anzufeuern.

In Siena ist es heute so heiß, dass wir die Kühle der Kirchen regelrecht genießen. Natürlich flüchten wir uns auch in den ein oder anderen klimatisierten Laden. Frau Löfferl und ich kaufen uns zwei identische Wallekleider und laufen im Partnerlook zum Campo del Palio.

Dort ist es so unerträglich heiß, dass wir uns unter die riesengroße Markise eines Cafes setzen, aus der kühler Sprühnebel ausgestoßen wird. Mit vielen kalten Getränken lassen wir unseren Siena Besuch ausklingen.

Die Einwohner Sienas nennt man übrigens Senesi.

Inzwischen durfte Emmi bei Matze, dem Hund meiner Vermieter, Urlaub machen. Nach einer Woche wird Emmi von Maresi, Tochter Nr. 2, abgeholt. Sie darf noch ein paar Tage bei meiner "kleinen Muddi" bleiben, bis ich wieder aus der Toskana zurück bin. Ich erhalte verstörende Bilder aus meiner Wohnung.

Enkel Pauli, 8 Jahre alt, steht voll bekleidet in meiner Dusche und hält sich grinsend die Brause über den Kopf. Der zweijährige Theo hat sich meinen Reishut aus Bali übergestülpt und sieht aus wie ein Pilz auf zwei Beinen. Mia, unsere 12jährige, liegt angekleidet in meiner Badewanne und übt das Trockenschwimmen. Aha, die kleinen Kröten spielen also Szenen aus dem Film "Hangover" und scheinen einen ordentlichen Spaß zu haben.

Für Frau Löfferl und mich geht's wieder Richtung Heimat. Wir fahren nach Verona und schaffen trotz 36 Grad Hitze die Strecke an einem Tag. Immerhin 350 Kilometer! Abends bummeln wir durch Veronas Altstadt und genießen die ins Dämmerlicht getauchten Gassen von Romeo und Julia. Frau Löfferl stellt sich auf Julias Balkon, blickt zu mir herunter und ruft mir zu: "Es war die Nachtigall und nicht die Lerche!"

Wir alle kennen ja Shakespeares Tragödie von Romeo und Julia aus dem Jahre 1595. Übrigens hat er da etwas abgespickt von einem gewissen Arthur Brookes, der die „Tragicall Historye of Romeus und Juliet" bereits rund 30 Jahre früher verfasst hatte. Hier die Fassung William Shakespeares auf den Punkt gebracht:
Die Geschichte spielt in Verona und umfasst einen Zeitraum von nur fünf Tagen.
Und: Achtung Spoileralarm! Sie endet böse.
Die Dienerschaft der verfeindeten Familien Capulet und Montague streiten sich auf einem öffentlichen Platz und verkloppen sich ordentlich.
Darüber ist der Fürst von Verona außer sich vor Zorn und verhängt für zukünftige derartige Fälle die Todesstrafe. Derweil streift der unglücklich in die unterkühlte Rosalinde verliebte Romeo traurig durch die Landschaft.

Währenddessen hält Graf Paris beim alten Capulet um die Hand der blutjungen Julia an. Ihr Vater hat nichts dagegen, aber Julia will sich den Bewerber erst mal anschauen. Also organisiert der Vater ein großes Tanzfest und lädt halb Verona dazu ein. Auch Romeo erscheint maskiert zum Ball, hofft er doch, seine angebetete Rosalinde dort anzutreffen. Da erblickt er Julia und verliebt sich auf den ersten Blick in sie. Auch Julia hat es schlimm erwischt. Sie reden ein bisschen miteinander und erfahren bestürzt, dass sie gegnerischen Familien angehören.

Am nächsten Abend versteckt sich Romeo im Garten der Capulets und hört, wie Julia auf ihrem Balkon den Sternen oder den Eichhörnchen (nicht genau bei mir angekommen) von ihrer Liebe zu Romeo erzählt. Da tritt Romeo hervor, Julia erschrickt, beruhigt sich jedoch wieder, als Romeo ihr beteuert, dass er es ernst mit ihr meint. Daraufhin planen die beiden zack! ihre heimliche Trauung für den nächsten Tag. Romeo rennt zu Lorenzo, dem Kräuter-Mönch und bittet ihn um seine Hilfe. Lorenzo meint: „Na du hast ja deine Rosalinde schnell vergessen!", willigt aber dennoch ein, in der Hoffnung, durch diese Vermählung den unseligen Streit der Familien endlich beenden zu können.

Kurz darauf vermählt Bruder Lorenzo die beiden Liebenden in seiner Zelle. Julia saust wieder heim und Romeo gerät zufällig in einen Fechtkampf zwischen Tybalt (gehört zu den Capulets) und Mercutio (ein Anhänger der Montagues, also Romeos Sippe). Romeo geht dazwischen, ist er ja nun mit den Capulets verwandt. Zu spät! Tybalt ersticht heimtückisch Mercutio und Romeo, jetzt natürlich stinksauer, zieht seinen Degen und ersticht Tybalt. Daraufhin flieht Romeo und versteckt sich in Lorenzos Zelle.

Derweil fordert Gräfin Capulet, Romeo zu töten, der Fürst von Verona jedoch bestraft ihn mit Verbannung.

Julia erfährt von Romeos Verbannung und fürchtet um ihre Hochzeitsnacht. Für Romeo ist die Verbannung schlimmer als der Tod, denn sie bedeutet die Trennung von Julia. Romeo möchte sich umbringen, aber der Mönch überredet ihn, sich in der folgenden Nacht zu Julia zu schleichen und wenigstens noch die Hochzeitsnacht zu genießen. Ich persönlich finde das sehr nett von Bruder Lorenzo. So pressiert's ja auch wieder nicht mit dem Umbringen.

Graf Paris versucht sein Glück noch einmal und bittet erneut beim alten Capulet um Julias Hand. Dieser willigt ein und setzt, ohne seine Tochter zu informieren, die Hochzeit fest.

Romeo und Julia ziehen in Julias Kammer die Hochzeitsnacht durch. Am nächsten Morgen schreit die Lerche – ein Zeichen für den

anbrechenden Morgen. Romeo möchte gehen, um nicht erwischt zu werden, doch Julia schwindelt ihn an und meint, es wäre nicht die Lerche, sondern die Nachtigall gewesen. (Die pfeift anscheinend nur nachts)
Am Morgen befiehlt der alte Capulet seiner Tochter, den Grafen Paris zu heiraten, ansonsten will er sie enterben.
Graf Paris hüpft liebestoll zu Bruder Lorenzo und bittet ihn, die Hochzeit vorzubereiten. Lorenzo geht scheinheilig darauf ein und Paris geht voller Vorfreude wieder heim. Da erscheint Julia beim Mönch und bittet ihn verzweifelt um Hilfe. Lorenzo, der schlaue Kräutermönch, gibt Julia einen Trunk mit, der sie in einen scheintoten Zustand versetzen wird.
Als der alte Capulet Julia zur Hochzeit mit Graf Paris holen will, findet er sie leblos vor. Bruder Lorenzo überführt die scheintote Julia in die Familiengruft der Capulets. Romeo erfährt von Julias Tod und rennt zum Apotheker, um sich Gift zu besorgen. Er möchte sich im Tod mit Julia wieder vereinen.
Romeo schleicht sich in Julias Gruft und nimmt das tödliche Gift. Da erwacht Julia, sieht den toten Romeo und küsst ihn. Sie nimmt seinen Dolch und ersticht sich. Lorenzo schildert daraufhin den verfeindeten Familien, was wirklich geschehen ist.

Alle sind erschüttert, versöhnen sich endlich und errichten ein Denkmal für die Liebenden in purem Gold.
Der Fürst von Verona fasst die Tragödie mit diesen Worten zusammen:

„Denn niemals gab es ein so herbes Los,
als Julias und ihres Romeos."

Da hat er wohl recht.

Wir laufen noch ums Amphitheater herum und lassen den Abend schließlich auf der Piazza delle Erbe ausklingen.
Auch am späten Abend ist es noch wunderbar warm, die Terrassen der Restaurants sind voll besetzt, Musikanten und Jongleure tummeln sich auf dem Platz und scharen Trauben von Touristen um sich. Um uns herum junge Familien, verliebte Pärchen, es duftet nach Spaghetti con aglio, Gläser werden angestoßen und die Italiener führen ihre mehr oder weniger hübschen Hündchen aus.

Die Stimmung macht mich nachdenklich und ich muss an Uwe aus meiner Dating-App denken. Ich wüsste gerne, ob er glücklich geworden ist. Also beschließe ich, ihn zu fragen.

"Hallo Uwe", schreib ich ihm. "Hast Du Dein Glück gefunden?".
Prompt kommt die Antwort: "Hallo Bärbel, nee hab' ich nicht. Des war nix."
Oha, war also doch nix!

"Find´s trotzdem anständig von Dir, dass Du mit mir Schluss gemacht hast!" schreibe ich mit ein paar Lachsmileys zurück. "Magst jetzat mit mir an Kaffee trinken gehn? Eine Chance kriegst noch ;-)" setz´ ich noch schnell nach und es kommen lachende Gesichter und ein Daumen hoch zurück.

Am nächsten Morgen fahren wir nach Tirol. Eine letzte Übernachtung in Kematen bei Innsbruck und schwupps......sind wir wieder in heimischen Gefilden.

Als ich wieder zuhause bin, schlägt Uwe ein Treffen im Harlachinger Jagdschlössl vor.
In der Zwischenzeit hat er sich mein erstes Buch besorgt und bittet mich, Teil 2 zum Treffen mitzubringen.

Am betreffenden Tag habe ich mich mit "der kleinen Muddi" (Töchterlein Nr. 2) und Enkelbub Theo, knapp 2 Jahre alt, zum Frühstück in einer Bäckerei verabredet und frage sie ganz beiläufig, ob mein Kleid für ein erstes Date geeignet wäre.
Marie verschluckt sich fast an ihrem Cappuccino und wird ganz zappelig. "Waaaaas, ein Date ?? Mama, du hast ja gar nix erzählt!"
Ich erzähle ihr, dass ich mich für den Nachmittag mit Biker Uwe verabredet habe und verdonnere sie umgehend zum Stillschweigen. Sie schaut mich etwas beleidigt an und meint, ich wisse genau, dass ich mich auf ihre Diskretion verlassen könne und im gleichen Atemzug zu ihrem Sohn: "Theo, sag mal Opa Uwe!" Theo wiederholt brav "Uwhää" und ich rolle mit den Augen. Nur ein Treffen in einem Biergarten, erkläre ich, und dass ich noch Schuhe kaufen muss. "Uhää", kräht Theo fröhlich und wir lachen. Als von mir nichts mehr zum Thema kommt, starrt sie mich schweigend an.
Ich zähle langsam von 10 rückwärts, da platzt es aus ihr heraus:

"Mamaaaaa !!! Ich will alles wissen! Aaaaalles!"
"Da gibt's nix zu berichten! Ich wollte doch nur wissen, ob mein Kleid hübsch genug ist."
"Das Kleid ist wunderschön, Mama, aber nimm einen Gürtel dazu, damit es deine Figur mehr betont!"
"Aber das ist so schön luftig und flattert so angenehm" werfe ich ein, und merke, dass ich schön langsam Fracksausen bekomme. Das letzte Date ist ja immerhin schon 38 Jahre her und man kann ja so viel falsch machen! Was ist, wenn er gar nicht auf flatterige Sommerkleider steht? Vielleicht sollte ich lieber sportlich daherkommen? Was ist, wenn er lackierte Fingernägel hasst? Meine sind zwar sehr kurz…..zuuuu kurz ??) Oder wenn ich ihm zu klein bin? Oder zu dick? Oder zu dünn? Die Nase zu schief? Was, wenn ich ihm zu viel plappere oder vielleicht zu wenig? Trotz meines coolen Getues komme ich gar nicht auf den Gedanken, dass es ja auch umgekehrt sein könnte. Was ist, wenn ich ihm gefalle, aber er mir nicht? Oder noch schlimmer, wenn er ein Triebtäter ist? Oder auch keiner, sondern einfach nur ein Massenmörder, der Spaß am Frauen abmurksen hat?
Ich hinterher niedergemeuchelt im Gebüsch liege? Dann hätt ich ja die Dating App völlig umsonst bezahlt! Mann, Mann, Mann!
Es könnte so viel schief gehn!

Beim Abschied drückt mich meine kleine Muddi innig und meint: "Sei einfach du selbst, Mama, das wird bestimmt total nett!"
Und ruft mir noch hinterher: "Und vergiss den Gürtel nicht!" Als ich fast an meinem Auto angekommen bin, schreit das freche Weib noch über den halben Lidl-Parkplatz:
"Und Kondome, Mama! Du brauchst KONDOOOOME !"

Am nächsten Tag fahre ich in Jeans und Vespa-Shirt nach Harlaching zum Jagdschlössl.
Kleid und Gürtel hab ich zwar dabei, entscheide mich aber spontan dagegen, denn Uwe erwartet mich bereits und zeigt auf einen freien Parkplatz vor seinem Motorrad. Zur Begrüßung reiche ich ihm die Hand und werde von ihm umarmt. Selbstverständlich nütze ich die Gelegenheit und schnuppere dabei ein bisschen an seinem Hals. Oh oh, da muss ein anderes Rasierwasser her, schießt es mir spontan durch den Kopf.
Wir setzen uns in den Biergarten. Der Ober, ein Österreicher von der witzigen Sorte, springt herbei und erkundigt sich nach unserem Begehr. Uwe bestellt einen doppelten Espresso mit Sahnehäubchen und ich hätte gerne einen Klecks Sahne auf den hübschen Uwe.
Nein !!! Natürlich nicht! Da ist jetzt der Gaul mit mir durchgegangen. Freud´scher Verschreiber quasi.

Drei Stunden sitzen wir zusammen und erzählen uns von unseren Bikertouren. Beide lieben wir das freie, spontane Dahinbrausen, die Zufallsbegegnungen mit den jeweiligen "Ureinwohnern" eines fremden Landes und beide zehren wir von unseren Erlebnissen und den positiven Erfahrungen, die wir dabei gemacht haben. Natürlich beobachte ich genau, wie er sich gibt und was er so sagt. Mir gefällt seine ruhige, überlegte Art und er hat ein wunderschönes Lächeln, braune Augen und ist sehr höflich und voller Respekt. Er hört mir aufmerksam zu, als ich ihm von der Entstehung meines ersten Buches erzähle und amüsiert sich darüber, dass ich mit meiner Küchenverkäuferin in den Urlaub gefahren bin. Nachdem er auch noch Italienfan ist - er liebt die Gegend um den Gardasee und möchte unbedingt noch die Toskana per Motorrad erkunden, versuche ich, die aufkommenden Schmetterlinge in meinem Bauch nieder zu knüppeln.

Als wir uns schließlich wieder auf unsere Stahlrösser schwingen, nehmen wir uns vor, in Kontakt zu bleiben. Kaum bin ich wieder daheim, schickt er mir eine Nachricht und bedankt sich für den schönen Nachmittag.

Zuhause werde ich von der "kleinen Muddi" mit Fragen bombardiert. "Schön war's", sage ich, "ist ein netter Kerl und ich glaube, er hat eine richtig schöne Seele", denn unsere Gespräche waren nicht nur interessant, sondern auch tiefgründig. "Jetzt schaumamal…", gebe ich mich vorsichtig. Am nächsten Tag merke ich, dass die Schmetterlinge sich ordentlich vermehrt haben und frage mich, was ich jetzt damit machen soll. Abwarten, sagt die Vernunft. **Er** muss sich melden, falls es ihn auch erwischt hat. So ein Blödsinn, meint das Herz. Das sind doch veraltete Herangehensweisen! Vielleicht traut er sich nicht und dann ist die Chance vertan. Nach ein paar Tagen frage ich nach einem Wiedersehen…doch er hat bereits etwas anderes vor. Leider kommt auch kein Gegenvorschlag zurück. Er hat also **nicht** Feuer gefangen und ich nehme es sportlich. Gelogen! In Wahrheit **möchte** ich es gern sportlich nehmen - drüber stehen….oder wie sagt man, wenn man nicht zugeben will, dass man Liebeskummer hat?

"Ach Barbara," schütte ich meiner Freundin, genannt 'Radieschen', mein Herz aus, "Ich glaube, er wär's gewesen! Er ist einfach perfekt….ein richtiger Frauenversteher!"
Sie rät mir, die Flinte nicht gleich ins Korn zu werfen. Die Männer wären in diesem Alter viel vorsichtiger und die Mühlen würden einfach langsamer mahlen als zu unserer Jugendzeit. Ich bin total verwirrt: Soll ich nun einfach abwarten

oder den nächsten Burschen daten? Dieses Liebeswirrwarr wird mit dem Alter nicht wirklich einfacher, stelle ich fest.

Wenn Barbara Recht hat, darf ich also nicht aufgeben. Ich grüble und grüble, mit welchem Text ich den Angebeteten locken könnte. Folgende stehen zur Auswahl:

"Lieber Uwe, stell Dir vor, Du wärst ein Puzzle und Dir fehlt ein entscheidendes Teil. Nämlich ich!" Oder lieber:

"Guten Morgen, Uwe :-) Wie geht´s Dir denn….so ohne mich?"

"Hallo Uwe, ich finde, Du schaust aus wie jemand, dem genau so eine Frau, wie ich es bin, fehlt."

Nach längerem Überlegen kommt es dann doch zu einem ganz anderen Verlauf. Ich starte ganz vorsichtig und er antwortet prompt:

Guten Morgen, Uwe. Wie gehts Dir denn?
Guten Morgäääähn! Daaaanke….guuuut! Und Dir?

Auch gut :-)   Am Sonntag fahre ich zum Starnberger See. Habe ein Date mit Otto.

Wer ist Otto?

(Ich schicke ihm ein Foto von Otto Waalkes, der seine Gemälde im Tutzinger Buchheim-Museum ausstellt)

Aaaaah….deeeeer Otto! Den kenn i aaa.

Könnte da Deine Hilfe brauchen, Uwe. Falls er mich belästigt, der Otto.

Uwe schickt viele Lachsmileys zurück. *Ah geh! Is doch ein schöner Mann!*

Na ja, antworte ich wieder, ehrlich gesagt, ist er mir zu alt! Beim Reichtum hätt' ich jetzt noch ein Auge zugedrückt!

Du bist mir schon eine Marke, antwortet er.

Mein Herz hüpft schon wieder ganz unkontrolliert und ich fühle mich zur nächsten Frage ermutigt:
Jetzt mal Butter bei de Fische: Schütze Uwe, möchtest Du die Löwin Bärbel am Sonntag am Starnberger See treffen?
(Nach einer kleinen Pause kommt folgende Antwort:)
Das kann ich Dir erst am Freitag sagen.

Lieber Gott, lass es am Wochenende regnen, bete ich zum Himmel, denn ich weiß, dass Uwe für seine Motorradfreunde Wochenendtouren plant

und meine Anfrage kommt ja recht kurzfristig daher.
Diesmal werde ich alles richtig machen, nehme ich mir vor. Ich werde früh genug eintreffen, um mich vor Ort in mein schönstes Kleid zu werfen. Diesmal weiblich statt sportlich. Die Augen wird´s ihm raushauen bei meinem umwerfenden Anblick! Er wird rettungslos verloren sein. Auf die Knie wird er fallen! Ok, das ist jetzt vielleicht doch etwas dick aufgetragen. Ruhig Blut, befiehlt mein Verstand und rät erst mal zu einer Tasse Baldriantee.

Einen Abend vor dem magischen Freitag sitze ich mit meiner großen Tochter Franzi in der Augsburger Freilichtbühne. Ich erzähle ihr von Uwe und zeige ihr ein Bild von ihm. Sie freut sich, dass es ihre Mama so erwischt hat und verspricht, alle Daumen für mich zu drücken. Eine wunderschöne, laue Sommernacht und ein mitreißendes Musical….3 Musketiere. Sehr empfehlenswert….zumindest bis zur ersten Pause. Danach bekomme ich vom Stück nichts mehr mit, denn ich erhalte eine niederschmetternde Nachricht von Uwe:

„Hallo Bärbel, das wird leider nix am Sonntag.
Ich glaube, ich würde da nur Erwartungen wecken, die ich nicht erfüllen kann.“

Ich fühle mich, als hätte mich eine Abrissbirne von meiner gerade zurecht gemachten Wolke 7 geschleudert und starre entgeistert auf mein Handy. Franzi checkt die Lage sofort und nimmt mich liebevoll in den Arm. Der Abend ist gelaufen und ich frage mich unglücklich, ob ich nicht vielleicht doch nur ein mittelgroßes Rindviech bin, das seine Hormone mal abchecken lassen sollte.

Als ich spät nachts wieder zuhause bin, erhalte ich noch eine Whatsapp- Nachricht. Mein Töchterlein tröstet mich mit diesen wunderschönen Worten:

》 Du hast dich nicht "reingesteigert",
sondern einfach nur mal getraut,
draufloszufühlen 《

Wie's ausschaut, muss ich also doch noch weitere Frösche tätscheln.

Zum Glück naht der Tag des Kücheneinbaus und ich bin ordentlich abgelenkt. Nachdem die alte Küche niemand haben möchte (nicht einmal geschenkt, wohlgemerkt!) tobt sich mein Lieblingssohn Jakob, der Einzige, mit Hammer und Akkuschrauber aus und haut alles kurz und klein. Ich bin auch nicht untätig und renne gefühlte 937 mal die Treppen runter und wieder hoch und staple Bretter und Schubladen vor meinem Hauseingang. Dort packt Schwiegersohn Alexander den Schrott ins Auto und düst damit zum Wertstoffhof.

Zwei Bodenfliesen haben sich bei der Aktion gelöst und Jakob und ich stehen ratlos vor dem Malheur. Natürlich findet sich auf die Schnelle kein Fliesenleger und die Zeit drängt, denn die neue Küche soll am übernächsten Tag bereits geliefert werden.

Einfach mit Fliesenkleber wieder befestigen? Dazu müsste man jedoch die alten Kleberückstände entfernen, gar nicht so einfach, ohne Schleifgerät und vor allem ohne Fachkenntnis! Jakob fragt sich bei seinen handwerklich begabten Freunden durch und schließlich kommt folgender Tipp: Sekundenkleber! "Euer Ernst?" frage ich nach, "und das soll halten?" Warum nicht, kommt die Antwort, bei den Klimaaktivisten würde es ja auch funktionieren. Also renne ich zum Supermarkt und kaufe die gepriesene Wundertube. Ich entferne nur Staub und Schmutz an den Unterseiten der Fliesen, tröpfle den Sekundenkleber auf die Rückstände des alten Klebers, lege die Fliesen haargenau auf die ursprüngliche Stelle, setze mich drauf und schicke ein Stoßgebet zum Himmel. Nach ein paar Minuten traue ich mich, wieder aufzustehen und kontrolliere das Ergebnis.

Und tatsächlich! Die Fliesen halten bombenfest! Nun muss ich noch verfugen und studiere die Anleitung auf der Fugenpackung. "Verteilen Sie die Fugenmasse großzügig mit Hilfe einer Gummispachtel", steht da. Ich habe nicht einmal eine normale Spachtel, stelle ich fest und durchwühle meine Küchenutensilien. Meine Wahl fällt auf meinen Spätzleschaber, ein wunderschönes Gummiteil und siehe da, es funktioniert ganz wunderbar damit. Ich verteile die Masse großzügig auf den Fugen und vorsichtshalber auch gleich auf den Fliesen und schicke dem Lieblingsbub ein Foto meiner Arbeit.
Umgehend ruft er mich an und schreit ins Telefon: "Muddl, was zur Hölle hast Du da gemacht !!?"
Am Morgen des Kücheneinbaus wasche ich alles schön ab und bin mit dem Ergebnis überaus zufrieden. Geht doch.

Ein paar Stunden später ist es soweit:
Gleich drei Monteure bauen mir meine neue Küche ein. "Ich kenne Sie doch!", sagt einer von ihnen, aber ich wiegele ab und murmle etwas von einem Allerweltsgesicht. Als die Küche steht, kommt Frau Löfferl zur Bauabnahme und wir stoßen mit dunklem Bier einer Starnberger Brauerei an. Beim Abschied bedanke ich mich per Handschlag bei den Küchenburschen und höre

ein "Immer wieder gerne". Na ja, denke ich, ich hoffe, das wiederholt sich nicht so schnell.

Am nächsten Morgen genieße ich den ersten Kaffee in meiner neuen Küche. Bling bling….die Dating App macht sich bemerkbar.
Udo aus München schreibt: Wach auf Dornröschen, Dein Prinz ist da :-)
Ich frage mich, woher er weiß, dass ich mich in meinem mit Efeu bewachsenen Zuhause tatsächlich wie ein Dornröschen fühle?
Spontan schreibe ich zurück: "Hallo mein Prinz, wo warst Du denn solange?" und setze noch ein Zwinkersmiley dazu.
"Guten Morgen, Dornröschen", kommt die Antwort, "vermutlich warst Du mit Deiner Vespa einfach zu schnell für den Prinzen mit seinem alten Gaul, grins". So geht es noch eine Weile hin und her, wir unterhalten uns quasi in höfischer Art und erzählen uns von unserem Hofstaat und unseren "Erbprinzen". Ein paar Tage darauf schreibt mir Prinz Udo, er hätte beruflich in meiner Nähe zu tun und schlägt ein Treffen vor. Ich überlege, welcher Ort dafür geeignet wäre und entscheide mich für ein Cafe in Autobahnnähe, um dem Prinzen den Rückweg nach München zu erleichtern. Ich träume vor mich hin: Angenommen, Prinz Udo wäre tatsächlich der richtige Mann für mich, wir verlieben uns und

knutschen wild herum. Wie lange knutscht man eigentlich heutzutage so herum, bevor es richtig zur Sache geht? Und überhaupt - was bekäme er zu sehen, wenn ich in meiner Unterwäsche dastehe?
In meiner praktischen Unterwäsche wohlgemerkt! In meiner guten, alten, alltagstauglichen, superpraktischen Unterwäsche!

Ich glaube, da muss dringend was Neues her! Man weiß ja nie, wann es zum "Auspapierln" kommt.
Bisher bin ich immer vorbeigelaufen an Hunkemöller und Consorten....höchste Zeit, mal reinzugehen. Ich schnappe mir die sympathisch wirkende Verkäuferin und weihe sie mit gedämpfter Stimme ein:
"Alsoooo...", erkläre ich ihr, "die Sache ist die.....ich lebe in Trennung. Mein Mann hat mich nach 37 Jahren verlassen. Mein Plan ist nun, mich neu zu verlieben und deshalb brauche ich dringend neue Unterwäsche!"
Sie starrt mich an und sagt fassungslos: "Das gibt's ja nicht! Ist ja wie bei mir! 4 Kinder hab ich, der jüngste ist gerade 18 Jahre alt geworden und nun hat sich mein Mann in meine beste Freundin verliebt!"
Oh Gott, denke ich, der Mann weg **und** die beste Freundin.

Da hab ich ja fast schon wieder Glück gehabt. "Vielleicht kommt er ja wieder zurück!", versuche ich sie zu trösten. Doch sie winkt ab und meint, der Mistkerl könne ihr gestohlen bleiben.

Gleich darauf ist sie wieder ganz Profi und fragt mich nach meinen Vorlieben (in Sachen Dessous!).

Ich starre auf ein Regal mit schwarzer Reizwäsche aus Leder und Nieten. Von den Büstenhaltern baumeln lange Quasten und die Höschen sind….wie soll ich sagen…die Höschen sind sehr schlicht gehalten. Keine Rüschen oder Spitzen, sie kommen sogar gänzlich ohne Stoff aus. Eigentlich bestehen sie nur aus ein paar Schnüren. Sehr gefährlich! Nur ein paar Kilo zuviel am Bauch und Frau sieht aus wie ein Rollbraten. Ich deute auf die schwarzen Latexteile und sage zu ihr: "Also das hier…..schon mal nicht!"

Ich blicke mich weiter um und erkläre meiner neuen Verbündeten, dass meine neue Unterwäsche so sein sollte wie mein Traummann: Weder langweilig noch verrucht. Und wir werden fündig.

Prinz Udo erscheint pünktlich zu unserem Date. Ich reise standesgemäß auf meiner Vespa an - leider habe ich die Sache mit dem Damensitz nicht hinbekommen, komme also sportlich angeflitzt. Als Erkennungszeichen habe ich einen gehäkelten Froschkönig dabei, was den Prinzen sichtlich amüsiert. Es sind zwei nette, unterhaltsame Stunden und ich erfahre, dass er eine gute Freundin namens Bärbel hat, mit der er aber nur wandern würde. Mit ihr könne er ansonsten nichts anfangen, erklärt er. Bärbel 1, nennt er sie und ich vermute, ich wäre dann Bärbel 2. Motorräder könne er nicht leiden, Vespas schon eher, fügt er schnell hinzu. Am Wochenende darauf verabreden wir uns am Badesee. Ich packe Emmi in mein Transportfahrrad und radle zum Treffpunkt. Der Prinz ist schon vor Ort. Ich bemerke einen frischen Haarschnitt und er meint, er wäre extra beim Frisör gewesen und hätte sich zudem noch eine neue Badehose gekauft. So so, denke ich und staune nicht schlecht: Denn der alte Prinz hat noch eine sehr sportliche Figur, ein Kreuz wie ein Leistungsschwimmer. Er stürzt sich in den See und schwimmt zügig von dannen. Ich versuche es ihm gleichzutun und schwimme eine Zeitlang neben ihm her. Er behält sein Tempo bei und ich blicke mich um zu Emmi, die verzweifelt versucht, mir zu folgen. Nachdem der Prinz mich nicht weiter beachtet und wie ein Schaufelraddampfer den See durchpflügt, drehe ich um und schwimme zurück zu meiner Fellnase. "War's das schon mit dir?" schreit er über die Schulter zurück und ich denke nur: Ja genau! Wegen Dir lass ich meinen Hund absaufen, Prinz Egomanius!

Das Ende vom Lied: Bärbel Nr. 2 substrahiert sich wieder und dem Prinzen bleibt unterm Strich Bärbel 1 zum Wandern. Eine Bärbel reicht ja auch pro Prinz.

Dornröschen packt Emmi wieder in die Transportkiste und verbuddelt zuhause die neuen Dessous im Wäscheschubladen.

Kein Glück in der Liebe, stelle ich demotiviert fest. Dafür scheint sich was im Spiel zu tun:

Birgit, eine Reisebekanntschaft aus Barcelona, hat meine Bücher gelesen und vermittelt mir einen Kontakt zu einem Aichacher Buchladen. Und tatsächlich darf ich dort meine Bücher zum Verkauf auslegen. Eine Lesung wäre aus Platzgründen leider nicht möglich, bedauert die Ladeninhaberin, verweist mich jedoch auf Frau Lukas, die Leiterin der städtischen Bücherei.

Ein paar Tage brauche ich noch, um meinen Mut zusammenzukratzen, dann rufe ich besagte Bücherei an.

Zum vereinbarten Termin fahre ich natürlich mit Cesarina vor. Meine Bücher werden interessiert durchgeblättert und Frau Lukas bespricht sich mit ihrer Mitarbeiterin. Schon am nächsten Tag bekomme ich einen Terminvorschlag für meine Lesung. Derartig motiviert fahre ich eine weitere

Bücherei an und versuche erneut, eine Lesung "klarzumachen".

Und es klappt noch einmal: Auch in Mering, meinem neuen Heimatort, darf ich in der Stadtbücherei aus meinem Erstlingswerk vorlesen.

Im Abenddienst erzähle ich Herrn Kleinhuber von meiner Lesung und den Liedern, die das Publikum mit mir gesungen hat. Ich frage ihn, ob er das Lied „Ramona" von den Blue Diamonds kennt. Er lacht plötzlich laut auf und singt:

"Ramona, das erste Kind ist nicht von mir!
Ramona, beim zweiten konnt' ich nix dafür!"

Er zieht die Schultern hoch und kichert in sich hinein. Seine Frau schüttelt nur den Kopf und mahnt ihn mit einem "aber Karl-Ferdinand!" ab, während ich ihn anstrahle und ihm lobend auf die Schulter klopfe.

Am nächsten Tag bin ich auf dem Weg zu meiner Taufpatin. Tante Barbara, 86 Jahre alt, wohnt in Starnberg und erwartet meine Cousine Gerdi und mich zum Kartenspielen. Auf dem Weg dorthin gerate ich in Fürstenfeldbruck in einen Stau. Ich informiere Gerdi per WhatsApp, dass ich mich verspäte. Als ich endlich am Ortsausgang bin, sehe ich am Straßenrand eine Polizeibeamtin mit erhobener Kelle. Doch sie meint nicht das Auto vor mir, sie meint anscheinend mich. Ich fahre brav an den Straßenrand und halte an. Ich kurble mein Fenster herunter und höre, wie sie in ihr Funkgerät spricht: " Grauer Renault Kangoo, ist sie das?" "Das ist sie," antwortet das Funkgerät und mir schwant Übles.

"Mein Kollege hat Sie mit Handy am Lenkrad fahren sehen.", klärt sie mich auf, "Deshalb habe ich Sie…."

"Ich gestehe", falle ich ihr ins Wort, "ich war's!", denn die Beobachtung ihres Kollegen deckt sich mit meiner eigenen. Leugnen somit zwecklos.

Sie muss sich daraufhin regelrecht das Lachen verbeißen und fragt mich, ob ich denn der Halter des Autos wäre.

"Nein!" jubele ich aus meinem Auto heraus. "Das ist mein Ex-Mann. Dem können Sie getrost die Rechnung schicken! Das fänd' ich sogar ganz prima!"

Nun muss sie wirklich lachen, nimmt meine Fahrzeugpapiere samt Ausweis und geht damit zu ihrem Kollegen. Sie stecken die Köpfe zusammen, schauen dann zu mir rüber und lachen.

Kurz darauf kommt sie mit einem ausgefüllten Formular zurück und fragt mich, ob ich noch etwas sagen möchte.

"So etwas wie 'letzte Worte' vor der Hinrichtung?" bricht es aus mir heraus und sie bejaht lachend.

"Schreiben Sie bitte: Es tut mir leid", sage ich zu ihr und sie kommt schmunzelnd meiner Bitte nach. 125 € kostet mich der Spaß, ein teures Vergnügen.

Bevor ich weiterfahre, schreibe ich meiner Cousine eine Whatsapp:

Mist Mist Mist! Wurde mit Handy am Steuer von der Polizei erwischt. Aber ich mach's wieder gut. Fahre ab sofort nur noch 25 km/h. Geht eh nicht schneller….mit den Handschellen am Steuer :-)

Wozu sich ärgern, das Kind ist eh schon in den Brunnen gefallen, wie man so schön sagt.

Ich wünschte, ich könnte das auch über meine Ehe sagen:

Wozu noch grübeln, die Neue kocht ja eh schon längst in meiner Küche. Ob sie schon dahinter gekommen ist, dass das Bett, in dem sie nun schläft, beinahe noch warm war? Ich merke gerade, dass mir mein Neustart noch nicht so richtig geglückt ist, denn immer wieder rutsche ich in traurige Phasen ab.

Die Trauer zulassen, rät mir Frau Androsch immer wieder. Bloß nicht wegknüppeln! Die Gefühle liebevoll annehmen, die Trauer hat ja auch ihre Berechtigung! Alles was verdrängt wird, kommt

irgendwann gnadenlos wieder hoch und kann sich
ganz übel auf neue Partnerschaften auswirken.
Meine liebe Freundin Barbara-Radieschen schickt
mir ein Lied von Herbert Grönemeyer - gerade zur
rechten Zeit:

Behutsam
Herbert Grönemeyer

Herrschst über´s Gefühlsgeschehen
Lange zögern ist dir fremd
Du platzt vor Euphorie
Und prallst auf´s Leben ungebremst
Bescheinst die Gegenwart
Und trägst sie leuchtend im Gesicht
Wirfst Wonnen weit um dich
Und triffst damit: Mich
Froh, wenn dein Wort klingt
Froh, wenn dein Herz springt
Heldinnen werden vom Glück bewacht
Dein Retterinnenweg
wird sicher eng und auch mal schräg
Egal, wie's um dich rum verzerrt......
Du bist nie verkehrt!
Und weiter:
Du hast im Morgen ein' Termin,
und da musst du hin!

Bling bling, meldet sich wieder einmal die Dating App.
Ludwig, ein Biker aus der Oberpfalz möchte mich kennenlernen. Sein Schreiben ist freundlich und seinem Foto nach scheint er ein sympathischer und gepflegter Bursche zu sein. Wir schreiben uns ein wenig hin und her und vereinbaren bald ein Treffen auf halber Strecke mit unseren Zwei-rädern.
Die Wetterapp ist vielversprechend und ich bin gerade dabei, mich auf meine Vespa zu schwingen, als mich seine Nachricht erreicht:
"Hallo Bärbel, ich komme lieber mit dem Auto, es sind ein paar dunkle Wolken am Himmel."
Realist oder Hasenfuß, überlege ich und brause mit Cesarina zum Treffpunkt.

Ludwig empfängt mich mit einem strahlenden Lächeln und meint: "Also ich muss sagen, ich bin positiv überrascht!" Auf meinen fragenden Blick erklärt er mir, er sei zum letzten Date sehr weit gefahren, um dann festzustellen, dass die Dame nicht dem angepriesenen Foto entsprach. Er fühlte sich regelrecht betrogen, erzählt er mir. Sein Date habe ordentlich Mühe gehabt, mit der beachtlichen Leibesfülle aus dem Auto zu steigen, dabei ließ ihn das Foto eine schlanke Frau vermuten.

Wir setzen uns in einen Biergarten, der Kellner ist schnell zur Stelle und ich freue mich auf ein zünftiges Mittagessen. Ludwig entpuppt sich als Plaudertasche und erzählt aus seinem Leben. Inzwischen verputze ich die schlechtesten Semmelknödel mit Rahmschwammerl meines Lebens (habe einen Riesenhunger) und bin ganz verblüfft, wie viel ein Mann so reden kann. Plötzlich scheint ihm aufzufallen, dass er noch gar nichts über mich erfahren hat und möchte wissen, ob ich keine Angst habe, bei bewölktem Himmel Vespa zu fahren. Ich schaue zum Himmel und erzähle ihm grinsend, dass ich auch bei Regen fahren könne. Schließlich gäbe es Regenkleidung und aus Zucker bin ich ja auch nicht. "Also ein typisches Weibchen bist du nicht", urteilt er staunend und fordert mich zum Armdrücken auf. Da bin ich natürlich sofort dabei, gebe alles, habe aber keine Chance gegen ihn. Erbarmungslos wuchtet er meinen Unterarm auf den Biertisch und freut sich, dass er gewonnen hat. Ob wir uns wiedersehen werden, möchte er wissen und lächelt mich erwartungsvoll an. Ich antworte freundlich und so diplomatisch wie möglich, dass es bei mir nicht so richtig gefunkt habe. Daraufhin meint er, das könne man halt nicht erzwingen und dafür wäre dann auch die Entfernung zu weit. Ich stimme ihm erleichtert zu und flitze noch schnell

in die Keramikabteilung für kleine Vespa-
fahrerinnen.
Als ich wieder an unseren Tisch zurückkomme,
werde ich von der Bedienung gefragt, ob ich auch
die Rechnung wolle. Der Herr habe bereits
bezahlt.
Ein fixer Junge, der Ludwig, denke ich mir und
muss mir wirklich das Lachen verbeißen!
Wozu in ein Date investieren, das keine Zukunft
hat.
Die Heimfahrt wird genauso schön wie die
Hinfahrt: Mich erwischt kein einziges
Regentröpfchen.

Dieses "GlückzuZweit"- Dingens erweist sich
immer mehr als fehlerhaft. Ich bekomme
beispielsweise täglich ein Herzchen von einem
vermeintlichen Bewunderer. Als ich mich dafür
bedanken will, meint er, er habe mir kein einziges
geschickt, das muss wohl ein Fehler im System
gewesen sein. Wie peinlich !!!
Merke: Nur wer angeschrieben wird, ist auch
wirklich gemeint.

Beim folgenden Kandidaten weiß ich auch nicht
so recht, ob ich wirklich gemeint bin, denn so viel
Engagement habe ich gar nicht verdient. Fred
schickt mir ein Herzchen ohne Text. Als ich auf
sein Profilbild klicke, starrt mich ein aufgerissenes

Paar Augen durch eine verschmutzte Brille an. Er hat eine interessante Perspektive gewählt, schaut nach unten in die Kamera, so dass man direkt in die haarigen Nasenlöcher sehen kann. Die untere Hälfte seines Gesichts ist nicht mehr auf dem Foto.
Frau Löfferl meint, es wäre, wie wenn man einem Unternehmen ein Bewerbungsfoto schickt und genau weiß, dass man dort eh nie arbeiten will.

Übrigens, meine Damen, sollten Sie ebenfalls online auf Partnersuche sein… hüten Sie sich vor folgenden Profilen:

Engländer/Amerikaner/Franzose
Lebt erst seit ein paar Monaten in Deutschland.
Hat studiert, meistens Ingenieur, verwitwet.
Hübsches Gesicht, gepflegte Erscheinung.
Schreibt sehr charmant, teilt Komplimente aus, oft bleibt er sogar beim "Sie".
Die Komplimente bleiben oberflächlich, der Text kann unverändert an beliebig viele Frauen geschickt werden.
Antwortet man ihm, bedankt er sich ausgesprochen höflich und freut sich, mit einem in Kontakt treten zu dürfen. Gerade, als man denkt: Wo gibt's denn noch so einen Gentleman der alten Schule - zack! Ist das Profil plötzlich gesperrt!

Es ist ein Fake-Profil, eine ausgelegte Angel !!!
Lediglich darauf aus, Vertrauen aufzubauen, um
an persönliche Daten bzw. Gelder zu kommen.
Das große Geschäft mit den einsamen
Herzen…..nicht schön.

Barbara-Radieschen betrachtet meine Dating-
versuche wohlwollend aus der Distanz und
amüsiert sich über meine Berichte. "Probier's
doch mal bei Lebensglück.de'", empfiehlt sie mir.
"Das scheint ein seriöses Portal zu sein!"

Also gut, beschließe ich, letzter Versuch, bevor
aus der Nonna eine Nonne wird und meine neue
Unterwäsche ungetragen verschimmelt.
Ich melde mich mit neuem Text bei "Lebensglück"
an:

Biker gesucht!
Wo ist er, der sich nicht zu schade ist, einer Vespa
(immerhin 125 ccm) hinterher zu fahren. Ich suche
keinen Bierdimpfl oder Stammtisch Plapperer. Du
solltest tier- und kinderlieb sein und wenn Du mich
auch noch zum Lachen bringst, lass ich Dich
vielleicht sogar überholen ;-)
P.S.: Du darfst auch gerne ein bisschen klug sein.

Bin sehr gespannt, welcher Held sich nun meldet. Er muss jetzt nicht unbedingt wissen, worum es in "Homo Faber" geht - es reicht mir schon, wenn er weiß, dass es sich dabei nicht um schwule Bleistifte handelt.

Nicht lange darauf schreibt Hermann aus Passau: "Servus Bärbel, ein bisserl klug reicht Dir schon? Na, des geht sich aus!" Er setzt noch ein lachendes Smiley dazu. Ich muss fürchterlich lachen und denke mir nur: Klasse reagiert Burschi, aber dein Name gefällt mir leider gar nicht.

Noch am gleichen Tag kommt ein Schreiben von Franz, der ganz in meiner Nähe wohnt. Franz schreibt mir seinen kompletten Lebenslauf und ich muss schmunzeln. Als ich nicht antworte, schreibt er wieder. Und wieder. Er schlägt mir vor, uns bei einem Spaziergang zu beschnuppern. Auch er hat einen Hund. Wir treffen uns an einem See und beschnuppern uns alle vier. Franz ist ein sympathischer Kerl und zudem Motorradfahrer. Eine Woche später lädt er mich zu einer Motorradtour ein und ich lasse mich gerne überreden. Er holt mich mit einer dicken BMW ab (irgendwas mit RT…) und fährt vorsichtig los. Ich klammere mich **nicht** an ihn, will ihm nicht zu sehr auf die Pelle rücken.

Da kommt eine Ansage durchs Helmset: "Also, wenn es Dir nichts ausmacht, würde ich Dich bitten, etwas mehr aufzurücken, damit ich merke, ob Du noch drauf sitzt. Aber nur, wenn es Dir nichts ausmacht!"

Das klingt so respektvoll und natürlich auch einleuchtend, dass ich näher rücke. Er fährt langsam weiter. Auf der Landstraße mit 80 km/h fährt er sanft in die Kurven. Kommt da noch was, denke ich nur und fange an, mich ein bisschen zu langweilen. Wann zieht er mal richtig ab? Da hab ich ja auf meiner Vespa mehr Wind um die Nase. Ich öffne mein Visier.

Nach einer Weile brülle ich ins Mikrofon: "Geht Deine Maschine nicht schneller?"

"Schon", antwortet er, "aber hier ist doch Geschwindigkeitsbegrenzung!"

Als die Luft rein ist, setzt er zum Überholen an. Klick, klick macht die Gangschaltung und zack! ist das Auto überholt. Bin beeindruckt, wie schnell so ein schweres Teil beschleunigen kann. Wenn ich mich nicht an ihm festgehalten hätte, wäre ich spätestens jetzt davongeflogen. Wir cruisen durchs Voralpenland, trinken einen Kaffee zusammen und erzählen uns viel.

Franz ist geschieden und hat sechs Enkelkinder, genau wie ich. Und wie es halt so kommt, nach vielen weiteren Treffen verliebe ich mich.

Ich glaube, er freut sich, weil sich seine Hartnäckigkeit ausgezahlt hat und hat keine Ahnung, was er sich mit mir aufgeladen hat.

Frisch verliebt trete ich meine Istanbul-Reise an, die ich schon vor längerer Zeit mit meiner Reisefreundin Rosemarie gebucht hatte.
Die arme Rosemarie muss sich viel anhören über das Lebensgefühl auf Wolke 7, aber sie ist geduldig und freut sich mit mir.
Unter der Führung von Reiseleiter Ertan erkunden wir mit unserer kleinen Reisegruppe den europäischen und asiatischen Teil der Stadt, überqueren immer wieder den Bosporus, mal bei strahlendem Sonnenschein, mal mit Regen-schirmen bestückt, aber immer mit einem Grinsen im Gesicht (also ich). Ertan ist ein quirliger, kleiner Mann um die 60. Mit fundiertem Wissen und auch viel Witz bringt er uns seine Heimatstadt näher. Wie ein Schauspieler demonstriert er uns, wie Sultan Süleyman,
der Prächtige, beim Anblick seiner zukünftigen Sultanine vom Blitz der Liebe getroffen wurde. Wir lachen und applaudieren gebührend.

Wir besichtigen die berühmte Hagia Sophia, die blaue Moschee und kaufen verschiedene Sorten vom köstlichen Lokum, auch bekannt als Turkish Delight, auf dem Gewürzbazar.

Ein weiteres Highlight ist die Besichtigung einer Teppichmanufaktur.
Es klingt ein bisschen nach Kaffeefahrt, doch ich bin positiv überrascht. Wir sitzen auf niedrigen Bänken und werden mit Getränken versorgt.
Zu unseren Füßen liegen riesige Meisterwerke in wunderbaren Farben, die einen im traditionellen,

orientalischen Design, andere wieder mit modernen Mustern. Beeindruckt lauschen wir dem Chef des Hauses, ein ergrauter älterer Herr im feinen Anzug, und erfahren viel über die Kunst des Teppichknüpfens. Er erklärt uns gerade den Unterschied zwischen einfach- und doppeltgeknoteten Exemplaren, als sich plötzlich Ertan neben mich setzt und mich fragt, wie alt ich sei. 61, sage ich perplex und er nickt zufrieden. Er meint, das passe gut, denn er wäre 62 Jahre alt. Bevor ich dazu komme, mich zu wundern, bekundet er mir seine Sympathie und sagt, er wäre Single und wünsche sich eine Frau genau wie mich und dass ich mit meiner positiven Ausstrahlung ein großer Schatz wäre. Da grätsche ich gleich mal dazwischen und erkläre ihm, woher meine glückliche Ausstrahlung kommt und verrate ihm, dass ich frisch verliebt bin. Ertan meint, es gäbe nichts Schöneres als die Liebe und verspricht mir, einen Sonderpreis wie für seine eigene Schwester auszuhandeln, falls ich mich zum Kauf eines Teppichs entschließen sollte. Ich sage ihm, dass ich noch nie ein Fan von orientalischen Teppichen gewesen sei, aber hier und heute ins Schwanken geraten könnte. Natürlich führt er mich daraufhin zum Verkäufer und übergibt mich vertrauensvoll in dessen Obhut. Ich werde in einen Nebenraum geführt und zu meinen Füßen werden Teppiche verschiedener Farben und Motive ausgerollt. Als Dschingis, ein älterer und eine große Ruhe ausstrahlender Verkäufer, meinen Geschmack heraus kristallisiert hat, liegen am Ende drei wunderschöne Exemplare türkischer Knüpfkunst (Doppelknoten- Technik!) vor mir und funkeln mich verführerisch an. Der fresco-artige Seidenteppich in grün und beige gefällt mir natürlich am besten. War klar, er ist ja auch unbezahlbar! Bleiben noch zwei übrig und Dschingis nennt mir seinen Preis. Für das traumhafte Exemplar in grün mit den floralen Ornamenten möchte er 2.600 € haben. Ich verziehe das Gesicht und erkläre ihm, dass das viel zu viel Geld für mich sei. Er lässt nicht locker und möchte wissen, was ich bezahlen könne.

Ich sage ihm, ich könne unmöglich einen Gegenvorschlag anbieten und entschuldige mich bei ihm für meine voreilige Interessens- bekundung. Denn mein Preisvorschlag könnte nicht nur ihn als Verkäufer kränken, sondern wäre mit Sicherheit eine Beleidigung für die fleißigen Künstlerinnen dieser ehrwürdigen Handwerks- kunst. Dschingis hakt nach und bittet mich, einen für mich angemessenen Preis zu nennen. Ich sage ihm: "Dschingis, das musst Du bitte verstehen (inzwischen sind wir beim Du angelangt), ich werde in drei bis vier Jahren einen Mann heiraten, den ich noch nicht so lange kenne.

Ich habe keine Ahnung, ob er Geld hat oder nicht. Ich weiß nur, dass ich ihn heiraten werde, selbst wenn er eine arme Kirchenmaus sein sollte, denn für mich ist er ein wertvoller Schatz. Und deswegen muss ich vorsichtig mit meinem Geld umgehen!"

"Wie lange seid Ihr schon zusammen?" werde ich gefragt und ich antworte ihm: "3 Wochen". Die umstehenden Reisegäste amüsieren sich prächtig, aber Dschingis schaut mich ernst an und nickt verständnisvoll. Er meint, dieser Teppich wäre also ein Hochzeitsteppich und daher von großer Bedeutung. Bevor ich mich zu einem Gegenangebot hinreißen lasse, mischt sich Reiseleiter Ertan in unser Gespräch und sagt mit bestimmendem Ton zu Dschingis, dem Verkäufer: Du gibst dieser Frau diesen Teppich für 1600 €! Denn sie ist ein sehr wertvoller Mensch und ich werde ihr hinterher meine Telefonnummer geben! Ich zwinkere Dschingis an und sage leise: "Welche ich nicht nehmen werde" und lache. Dschingis funkelt Ertan böse an und meint, so ginge das nicht, er müsse später mit ihm etwas Grundsätzliches besprechen. Blitzschnell strecke ich dem Überrumpelten meine Hand hin, er zögert kurz, schlägt dann doch ein und das Geschäft ist besiegelt.

Als die Verkaufsmodalitäten geklärt sind, mache ich mich auf die Suche nach Rosemarie. Ich finde sie mit plattgedrückter Nase an den Vitrinen mit goldenem Geschmeide. Ein junger Verkäufer versucht mich von der türkischen Goldschmiedekunst zu überzeugen, doch ich winke lachend ab und sage ihm, dass ich gerade einen wunderschönen Teppich gekauft habe und für den Rest meines Lebens arm sein werde. Schmunzelnd lässt er mich ziehen.

Etwas irre grinsend verlasse ich mit meiner Reisegruppe die Teppichmanufaktur und sage zu Rosemarie, ähnlich wie "Babe" in Dirty Dancing statt " Ich habe die Melone getragen", "ich habe einen Teppich gekauft!".

Gott sei Dank hat meine neue Liebe keine Ahnung vom neu erworbenen Teppich samt Bedeutung. Er wird es erst nach unserer Hochzeit erfahren. Oder aber nie. Fünf Wochen später wird mein Teppich geliefert. Er schwebt quasi in mein Wohnzimmer, dreht ein paar Runden und landet sanft vor meiner Couch. Ich bin begeistert, denn er harmoniert hervor-ragend mit den Möbeln meines Wohnzimmers. Leider muss ich den Teppich umbenennen, denn aus der neuen Liebe, geschweige denn einer Hochzeit, ist nichts geworden. Nun liegt er da, mein Türkenteppich. Ich nenne ihn Aladin.

Mein altes Leben hat mich noch nicht losgelassen. Ich glaube, da hatte ich mir etwas vorgemacht.

Ich lieb´ Dich überhaupt nicht mehr!
Udo Lindenberg
(leicht verändert)

Es tut nicht mehr
Endlich nicht mehr weg
Wenn ich dich zufällig mal wiederseh´
Es ist mir egal
Sowas von egal
Und mein Puls geht ganz normal
Mußt nicht glauben
Daß ich ohne dich nicht klarkomm´
Kannst ruhig glauben: Die anderen,
die sind auch nicht schlecht

Ich lieb dich überhaupt nicht mehr
Das ist aus, vorbei und lange her
Endlich geht's mir wieder gut
Und ich hab´ jede Menge Mut´
Und ich steh´ da richtig drüber!

Ich lieb´dich überhaupt nicht mehr´
Das ist aus, vorbei und lange her.
Guck mich bitte nicht mehr so an
Geh doch einfach weiter
Es hat keinen Zweck
Sonst komm ich da niemals drüber weg
Ich komm da niemals drüber weg.
Geh´ doch einfach weiter.

Einige Wochen später bekomme ich von Stammhalter Jakob und seiner Lisa eine Postkarte geschenkt. "Glückslos" steht darauf mit einem goldenen Herz darunter. Auf der Rückseite steht nichts und Jakob meint: "Du musst schon rubbeln, Mama. Du musst das Herz freirubbeln!" Neugierig geworden lege ich folgende Worte frei: *Du wirst Oma!* Zwerglein Nr. 7 ist im Anmarsch. Was für eine Freude! Ich darf mich Schnee-wittchen nennen. Was es wohl werden wird? Das klärt sich wenige Monate später bei einem mir bis dato unbekannten Spektakel. Freunde der werdenden Eltern organisieren eine sogenannte Genderparty, zu der auch die Omas eingeladen sind. Ich weiß nur, dass diese Genderei aus Amerika stammt und habe doch gerade erst den Halloween-Rummel begriffen. "Ich glaube, ich werde alt", sage ich zu Oma Ingrid, Lisas Mama. "Habe keine Ahnung, wie sowas abläuft!"
"Ich auch nicht! Wir gehen trotzdem hin, gell?", strahlt sie mich an. Inzwischen klären mich meine Töchter über das Thema "Genderparty" auf. Die werdenden Eltern haben keine Ahnung vom Geschlecht ihres Ungeborenen. Eine Vertraute wird bevollmächtigt, diese wichtige Info bei der Frauenärztin in Form eines verschlossenen Umschlags abzuholen. Anschließend gründet die Geheimnisträgerin eine geheime WhatsApp-Gruppe und holt Freunde und Verwandte ins Boot.

Und nun drehen alle kollektiv durch: Mit einer diebischen Freude wird eine Party für die Unwissenden organisiert und die werdenden Eltern bekommen den Termin erst kurz davor genannt. Am Tag der Party fallen zuerst die aufgeregt schnatternden Gäste ein (meist sind's ja nur junge Frauen) und dann dürfen die beiden Hauptpersonen dazu kommen. Erwartungsvoll grinsend werden Mami und Papi in Empfang genommen und dann kann's losgehen: Unter aufgehängten Luftballons in den Farben blau und rosa gibt es erstmal Kaffee und selbstgebackene Torten. Als die Spannung schier nicht mehr auszuhalten ist, bittet uns die Gastgeberin nach draußen. Das junge Paar bekommt je eine Farbrakete in die Hand gedrückt und feierlich werden diese gezündet.

Die Gäste schreien den Countdown und alle starren gebannt auf den sich entwickelnden Rauch. In unserem Fall sind alle verblüfft, denn der Rauch entwickelt sich……..weiß !!!

Ich reiße die Arme in die Höhe und rufe: Es lebe der Papst!

Die Genderbeauftragte beruhigt uns, die Farbe würde sich gleich zeigen.

Und tatsächlich erscheint kurz darauf ein blauer Qualm. Die werdenden Eltern strahlen sich an und küssen sich. Die Gäste rasten völlig aus. Was für ein Spektakel! Oma Ingrid und ich gratulieren uns gegenseitig. Kurz darauf ist die Party vorbei und die noch folgende Babyparty schon im Hinterkopf der begeisterten Mädels. Sie findet dann kurz vor der Geburt des Babys statt und dort werden schließlich Geschenke passend zum Geschlecht des Babys überreicht. Die aufgehängten Luftballons haben dann natürlich nur noch die Farbe hellblau oder rosa.

Peter, 63 Jahre, schreibt mich an. Er möchte mich näher kennenlernen. Auf die Frage, was er beruflich mache, kommt folgender Text:
"Ich habe Maschinenbau studiert mit dem Schwerpunkt Bergbaumaschinen. Ich entwickle und produziere Bergbaumaschinen für Bergbauunternehmen. Ich warte auch Bergbaumaschinen für Bergbauunternehmen."
Ich muss lachen und stelle mir vor, wie er in seiner Freizeit beim Bergwandern mit einem Stöckchen Löcher in die Erde piekst und im Geiste eine Bergbaumaschine plant, die er dann einem Bergbauunternehmen zum Kauf anbietet. Die erste Wartung der Bergbaumaschine ist für das Bergbauunternehmen natürlich im Kaufpreis inbegriffen!
Diesbezüglich fühle ich mich mit ihm sogar verbunden, denn ich hatte vor vielen Jahren ebenfalls ein Unternehmen: Planung, Produktion und Wartung lag alles in meiner Hand.

Ich habe drei kleine Menschlein geplant, produziert und gewickelt. Habe sie jahrelang gewartet, als sie größer geworden sind, oft auf sie gewartet, ihre Entwicklungskurve akribisch verfolgt. Nur mit dem gewinnbringenden Verkauf wollte es nicht klappen - habe sie letztendlich in gute Hände abgegeben. Für Umme wohlgemerkt.

Es wird Zeit, eine weitere Datingplattform auszuprobieren. Ich muss ja gut informiert sein, wenn ich hier darüber berichten will. Chronistenpflicht! Also melde ich mich bei „Findja" an, ein Datingportal für Weiblein und Männlein gleichermaßen kostenlos. Meist zahlt ja nur einer und der andere kann durchscrollen und den Abonennten anschreiben.

Bei Findja ist das anders, der Haken an der Sache ist nur, dass die Seiten mit Werbung vollgepflastert sind. Man kann ein Profil nie am Stück durchsehen, denn ständig werden einem Produkte verschiedenster Anbieter präsentiert. Man muss also aufpassen, dass man beim Scrollen nicht versehentlich auf ein Werbeangebot klickt. Kann ja wohl nicht so schwer sein, denk ich mir. Bin ja nicht auf den Kopf gefallen.

Los geht´s:
Thomas, ein hübscher Mann Ende 50, lächelt mich an. Single, keine Kinder, Nichtraucher.
Ich scrolle weiter.
Ooooooh! Witt Weiden hat traumhafte Kleider im Angebot. Ein wadenlanges Strickkleid in pink. Ein Wickelkleid! Ich liebe Wickelkleider, aber steht mir pink?? Hat sich erledigt, meine Größe ist ausverkauft.
Weiter geht´s mit Thomas: Er sucht eine Frau für eine feste Partnerschaft. Ich scrolle über drei wunderschöne Pullover der Firma Lautenberg.
Lautenberg? Noch nie davon gehört.
Das persönliche Statement von Thomas lautet: Carpe diem!   Na ja. Immerhin hat er braune Augen.
Peek&Cloppenburg präsentiert ein wunderschönes, kurzärmeliges Abendkleid mit schwarzem Oberteil und angesetzem Rock in gold-schwarzen Blockstreifen. Ein Traum! Leider nicht in Midi, dabei ist Midi doch so elegant! Warum verstehen die Designer das nicht? Muss man denn alles selber machen? Der Preis ginge eigentlich, aber wie gesagt….
Egal, wann soll man sowas auch anziehen? Und kurzärmelig ist auch irgendwie doof, man braucht dann wieder ein elegantes Jäckchen dazu.
Aha, Thomas betreibt „Birdwatching". Hat er da ein Gewehr im Arm?? Ein weiteres Foto zeigt ihn

in seinem Wohnzimmer, im Hintergrund eine geöffnete Balkontüre mit Abfalleimer. Irgendwie unheimlich. Was mag er da entsorgt haben? Vögel? Lockt er die Tierchen etwa mit Vogelfutter an? Futterknödel im Angebot, lese ich in der nächsten Anzeige. Oje.
Vielleicht gibt´s das Wickelkleid noch in einer anderen Farbe?

Pling pling! Wieder kommt eine Nachricht. Diesmal ist es Joe, 62 Jahre alt, der mich ohne Begrüßung anschreibt:
"Sind Männer bei dir blind, impotent, homosexuell oder Idioten, dass du noch Single bist? Laut Foto bist du 45"
Katzenfutter bei Fressnapf im Angebot. Zahle 9, erhalte 12 Dosen! Premiumfutter wohlgemerkt! Urteil Stiftung Warentest: Sehr gut! Eine schwarze Katze mit glänzendem Fell schmückt die Anzeige. Sie funkelt mich mit grünen Augen an.
„Sehr gute Gene", schreibt Joe. Meint er die Katze? „Gerne WhatsApp null null vier neun eins drei sieben acht vier……danke dir. Gruß Joe 175 cm/ Waage/ letzte Frau März 2021 nach 30 Jahren mit 82 gestorben. Treff gerne jeden Samstag oder Sonntag 9 bis 20 Uhr bei dir im Ort oder Lokalvorschlag von dir möglich danke sehr".

Ich bin fassungslos.

Das war's für mich. Jetzt reicht's mir endgültig mit diesem Dating Dingens.
Ich überlege, mir eine Katze zuzulegen. Am liebsten einen kleinen Kater. Ludwig wäre ein schöner Name für ihn, finde ich.

"Du solltest dich auf andere Dinge konzentrieren!", befiehlt meine innere Stimme. Und ich höre auf sie und nehme mir vor, endlich beim Meringer Gospelchor vorbeizuschauen, von dem Wolfgang, eine Gassi-Bekanntschaft, erzählt hat.
Einfach mal mitsingen, meint er und ich packe die Gelegenheit beim Schopf. Der Chorleiter begrüßt mich freundlich und möchte wissen, ob ich Sopran oder Alt bin. Ich weiß es nicht so genau, sage ich, wahrscheinlich bin ich ein alter Sopran.
Er lacht und bietet mir an, alle Stimmlagen zu testen, mich einfach irgendwo dazu zu setzen.
Ich beginne bei Alt und bin gespannt.
Der Chorleiter haut in die Klaviertasten und startet das Einsingen.
"Ondesabba irgendwas" singt mein neuer Chor inbrünstig. Ich verstehe nichts. Die Melodie geht ja, aber der Text?? Scheint etwas Afrikanisches zu sein, jedenfalls sehr schwer zu merken.
Die nächste Übung heißt "Hey, man!" Seltsam, klingt eher nach Rap als nach Gospel. Aber gut, jetzt bin ich schon mal hier.

Endlich kommen richtige Lieder dran und ich gebe mein Bestes. Ich bekomme zu jedem Lied den Text gereicht, nur dieses Ondesabba- Dingens muss ich anscheinend auswendig beherrschen. Ich nehme mir vor, beim nächsten Mal mitzuschreiben.

Nach 90 Minuten ist die Probe vorbei und eine junge Frau spricht mich an. Elisabeth sagt mir, sie habe bereits von mir gehört und möchte mehr über die Vespafrau wissen. Sie wäre eine Journalistin und arbeite unter anderem für ein Frauenmagazin. Eine Reportage über mich würde ihre Leserschaft sicher interessieren. Wahnsinn, denke ich nur, was für ein Zufall.

In der Woche darauf gehe ich wieder zur Probe und nehme mir vor, beim Einsingen besser auf den Text zu achten, doch ich checke immer noch nichts. Wo ist das gute alte "Do-Re-Mi-Fa-So" geblieben?

Immerhin hat sich die Sache mit dem Rap für mich aufgeklärt. Meine Sangeskollegen singen nicht "Hey, man", sondern "Amen" - was sich in der englischen Aussprache ähnlich anhört.

Diesmal habe ich mich beim Sopran niedergelassen und wieder werde ich beim Einsingen abgehängt. Wir beginnen beim C und hangeln uns tonweise bergab. "Ondesabba-ajoo" schallt es aus den Kehlen und ich denke nur: Gehts noch komplizierter?

"Ich versteh's einfach nicht!", flüstere ich hinterher meiner Sitznachbarin Erika zu. "Dieses ajoo….was bedeutet das denn? Ich kann's mir einfach nicht merken!"
Heino? fragt sie zurück. "Welcher Heino denn jetzt?", jetzt bin ich noch mehr verwirrt. " Der Schwarzbraun-ist-die-Haselnuss-Heino? Der mit der Sonnenbrille? Was singt Ihr denn da, um Himmels Willen?"
"Wir singen: Blondes Haar hat Heino", erklärt Erika, "alles andere wäre zu kompliziert."
Ich versuche, meinen Lachflash zurückzuhalten, klappt aber nicht ganz.

Der Chorleiter wirft mir einen tadelnden Blick zu.

Im April 2024 muss ich einen rabenschwarzen Tag überstehen:
Ich muss der Scheidung zustimmen, die Männe eingereicht hat. Ich könnte auch "Nein" sagen, nützt aber nichts, meint meine Anwältin. Wir würden schon zu lange getrennt leben. "Muss ich da hin?" frage ich sie. "Können Sie das nicht für mich abwickeln?". Das geht nicht, erklärt sie mir, laut Gesetz habe ich Anwesenheitspflicht.

Es stehen sogar zwei Verhandlungen auf dem Programm: In der ersten geht es um den monatlichen Unterhalt, im Anschluss daran soll die Scheidung ausgesprochen werden.
Ich habe, trotz der Beschwichtigungsversuche meiner Anwältin, ein ganz mieses Gefühl. Dass die Richterin "Knüppel" heißt und der gegnerische Anwalt "Rottweil", trägt auch nicht zu meiner Beruhigung bei. Und mein Gefühl soll Recht behalten.
Herr Rottweil kommt einige Minuten zu spät und ich habe ihn schon aufgrund seiner un- verschämten Briefe sowas von dick! Da eilt er mit wehendem Talar heran, begrüßt als erstes seinen Auftraggeber, dann meine Anwältin und schließlich mich. "Frau Weinzierl", sagt er ohne weiteren Gruß zu mir und ich sage so lässig wie möglich: "Herr Rottweiler!" "Das stimmt nicht ganz", meint er etwas irritiert, "Mein Name ist Rottweil" und ich zucke mit den Achseln, weil es mir wurscht ist.
Es ist der schwärzeste Tag in meinem Leben. Wie er mir da gegenüber sitzt, mein Nicht-mehr-lange- Männe, mich nicht ansieht und ich nur zwei Dinge im Kopf habe: Das Rauschen in meinen Ohren und den sturen Vorsatz, Haltung zu bewahren.
Ich möchte vor allen Dingen nicht als zusammen gesunkenes, kleines Mäuschen rüberkommen und setze eine richtig, aber so richtig arrogante

Miene auf - schaue ernst aufs Männe und fixiere seinen Rottweiler.

Meine Anwältin, eine coole, selbstbewusste Frau, haut mit Fachbegriffen um sich, zitiert Paragraphen und wischt lässig mit dem Zeigefinger über ihr Notebook. Ihr Kollege hingegen ist analog unterwegs, blättert ständig in seinem Aktenordner, was erstens ziemlich raschelt und ihn zweitens recht schusselig aussehen lässt.

Immer wieder stecken die Herren die Köpfe zusammen und tuscheln, der Rottweiler kritzelt etwas auf ein Blatt und schiebt es seinem Mandaten zu. Das geht einige Male so und es kommt mir alles so lächerlich vor.

Ich muss an den Spruch denken: "Wer flüstert, der stiehlt und frisst auch kleine Kinder".

Irgendwann denk ich mir, ich sollte mich vielleicht auch ein wenig wichtig machen und schmiere einen Smiley mit rausgestreckter Zunge auf meinen Notizblock. Ich schiebe ihn meiner Anwältin hin, die daraufhin kurz zusammenzuckt, mich anschaut und ernst nickt.

Über eine Stunde dauert die Unterhaltsverhandlung, in der ich den Beweis erbringen soll, warum es mir nicht möglich ist, mit 62 Jahren wieder Vollzeit zu arbeiten. Die Richterin, Frau Knüppel, gibt zu bedenken, dass dies in der Altenpflege evtl. nicht zu schaffen ist.

Der fürsorgliche Rottweiler hat das natürlich auch bedacht und merkt an, ich könne ja eine andere, ungelernte Tätigkeit aufnehmen und hat bereits ausgerechnet, welchen Verdienst ich erwarten könne bei Vollzeit und Mindestlohn.
Natürlich wird er nicht rot dabei, schließlich hat er keinen sozialen Beruf ergriffen. Sein Mandat verzieht ebenfalls keine Miene und schaut angestrengt in seine Unterlagen. Es müssen wichtige Sachen drinstehen.
Die Richterin informiert sich im Internet und stimmt Rottweilers Berechnung zu. Ich werde von ihr zu meiner Psyche befragt, die Herren sind ganz still und ich fange an zu stammeln. Wo bleibt meine Würde, frage ich mich und möchte am liebsten dem geldgierigen Rottweiler eine blutige Lammschulter an den Kopf werfen, die dann als Querschläger ruhig noch seinen Nebenmann treffen darf. Frau Knüppel bietet mir an, weitere, detaillierte Arztberichte einzureichen, um dann ein Urteil über eine Unterhaltszahlung fällen zu können.
Danach wird die Scheidung ausgesprochen und die Richterin fordert uns auf, unsere Personalausweise vorzulegen.
Das designierte Ex-Männe gibt seinem Rottweiler den Ausweis, welcher ihn wichtigtuerisch an die Richterin weiterreicht. Mein Ausweis steckt in

meinem Geldbeutel. Und der liegt zuhause auf meinem Küchentisch.

" Oh je…" rufe ich aus, "Hab meinen Ausweis gar nicht dabei!" und alle starren mich ungläubig an.

"Aber er kann ja bestätigen, dass ich es bin, er weiß ja, wen er loswerden will", sage ich und deute auf meinen Gerade-noch-so-Ehemann.

"Ich muss den Ausweis persönlich einsehen", erklärt die Richterin, bietet mir aber an, ihn noch am gleichen Tag vorzulegen. Erst dann könne sie die Scheidungspapiere unterschreiben.

"Dann sind wir jetzt also fertig?" will der Rottweilerschädel wissen und packt seine Zettelwirtschaft zusammen. Er eilt zur Türe, kommt mir dabei nur knapp zuvor, reißt sie auf, um mir den Vortritt zu lassen.

Ganz sicher nicht, entscheide ich, drehe mich um und gehe zurück in den Gerichtssaal. Ich gebe meinem frischgebackenen Exmann meinen Ehering zurück und rausche grußlos davon.

Ich höre den Rottweiler noch etwas jaulen wie "Ja, wo läuft sie denn hin?" und wünsche den Herren ewige Diarrhoe und Juckpulver auf dem Klopapier.

Ums Eck wartet Freundin Barbara-Radieschen in einer Kneipe auf mich und nimmt mich besorgt in die Arme. Ich berichte ihr, dass ich mich super

gehalten habe und bestelle einen doppelten Grappa.
Und dann fließen blöderweise doch die Tränen.

Eine Woche darauf, rufe ich meine Anwältin an, und bitte sie, die Klage zurückzuziehen. Ob ich mir ganz sicher bin, möchte sie von mir wissen, ob ich nicht noch eine Nacht drüber schlafen wolle.
Ich entgegne ihr, ich hätte schon zu viele schlaflose Nächte gehabt und möchte mich nicht mehr vor fremden Leuten bezüglich meines Gesundheitszustands rechtfertigen müssen.

Ich werde es alleine hinkriegen.

Zufällig höre ich im Radio ein uraltes Lied von Rod Stewart. Es passt perfekt zu meinem Gemütszustand und ich höre es – dank youtube- rauf und runter an. Manchmal weine ich beim Mitsingen, dann wieder schreie ich den Text regelrecht und brülle mir meine Wut von der Seele.

Ich dachte, die Phasen der Trauer werden nacheinander abgearbeitet. Pustekuchen! Sie purzeln unberechenbar durcheinander, man kann sich auf gar nix verlassen!

I don´t want to talk about it
Rod Stewart

I can tell by your eyes
That you´ve probably been cryin´ forever
And the stars in the sky
Don´t mean nothing to you, they´re a mirror

I don´t wanna talk about it
How you broke my heart
If I stay here just a little bit longer
If I stay here, won´t you listen to my heart?

If I stand all alone
Will the shadows hide the colors of my heart?
Blue for the tears, black for the night´s fears
The stars in the sky
Don´t mean nothing to you, they´re a mirror

I don´t wanna talk about it
How you broke my heart
If I stay here just a little bit longer
If I stay here, won´t you listen to my heart?

Ich denke an den Titel meines Buches, aber manchmal ist es doch recht schwer, sich daran zu orientieren.

Wieder einmal bin ich beim Abenddienst bei meinen Senioren. Frau Winklmoser steht nach langer Pause wieder auf meiner Liste. Ich bin gespannt, ob sie mich wiedererkennt. Sie öffnet die Türe und strahlt über das ganze Gesicht: "Ja griaß Eahna! Dass i Sie aa amol wieder sig! Guad schauns aus, hams an Zahn verloren?"
Ich bin ganz verdutzt - meint sie die kleine Zahnlücke zwischen meinen Vorderzähnen?
Da ertönt eine Stimme aus dem Off. Ihr Schwiegersohn sitzt auf ihrer Couch und meint: "Oma, duuu hast doch einen Zahn verloren. Deswegen waren wir doch heute beim Zahnarzt!"
Ich befreie sie von den lästigen Kompressions-strümpfen, flitze anschließend zur Besucher-toilette und gucke in den Spiegel, ob meine Zahnlücke größer geworden ist. Kann keine Veränderung feststellen. Glück gehabt.

Anruf vom Sohnemann: „Muddl, was machst am 10. Oktober?"
Auweia, da steht wohl eine Hochzeit an, kommt mir gleich in den Sinn.
„Noch nix vor", sag´ ich ihm. „Wieso?"
„Wenn Du willst, kannst Du im Friedberger Schloss auftreten!", eröffnet mir mein Thronfolger.
„Waaaaas ?? Wie kommen die denn auf mich?", will ich wissen.

„Ich hab da einfach angefragt", erklärt Jakob. „Hab denen von Deinen Erfolgen in den Büchereien erzählt und sie haben gleich zugesagt."
Unglaublich! Ich hüpfe nervös von einem Bein aufs andere und überlege, ob das nicht alles eine Nummer zu groß für mich ist. Aber Jakob meint: „Das schaffst Du schon, Muddl! Ich helfe Dir. Aber Du musst jetzt auf zack sein! Wir brauchen bis spätestens übermorgen ein Foto von Dir und eine Beschreibung Deiner Lese-Show, damit Du noch in den Veranstaltungskalender aufgenommen werden kannst. Nächste Woche haben wir einen Termin vor Ort. Du schaust Dir den Saal an und besprichst alles mit den Veranstaltern."
Ein paar Tage darauf fahre ich zum Schloss und werde vom Veranstaltungsteam freundlich empfangen. Zu dritt stehen sie um mich herum, der Chef selbst und zwei seiner Mitarbeiter strahlen mich an. Herr Mutling, ein junger Bursche mit langen Rastalocken hält Block und Stift parat und möchte wissen, was ich für die Lesung benötige. Er würde mir alles besorgen, was ich brauche. Vor Aufregung geht der Gaul wieder einmal mit mir durch und ich frage nach einem Dönerstand auf der Bühne.
Herr Mutling und seine Kollegin lachen. Sein Chef verzieht keine Miene. „Möchten Sie einen Flügel auf der Bühne haben?" fragt er mich stattdessen.

„Oooooh!", antworte ich, „sehr gerne! Das kann ich wunderbar in meine Show einbauen."
Herr Mutling macht sich sofort Notizen. Er erklärt mir, dass jeder Künstler vor dem Auftritt ein Menue passend zum Auftrittsthema bekommen würde, in meinem Fall dürfte ich mir etwas aus der Speisekarte eines italienischen Restaurants aussuchen. Nachdem der Ablauf des Abends geklärt ist, wird mir noch die Künstlergarderobe gezeigt. Ein Wahnsinn! Eine Riesengarderobe für mich ganz allein! Ein fünf Meter langer Schminktisch mit Spiegelwand. In einem Körbchen befinden sich alle möglichen Snacks und die Minibar ist voll bestückt. Das ist also die Garderobe, wo man hinterher seine Gitarre zertrümmern darf. Ein versteckter Gang führt direkt zur Bühne, so dass man wie aus dem Nichts auf die Bretter, die die Welt bedeuten, hüpfen kann. Es gibt sogar einen eigenen Künstleraufzug mit viel Platz für Equipment, Künstlerkoffer ect.…
Es hätte sogar ein Gabelstapler darin Platz.
Oder eine Vespa !!! fällt mir spontan ein und ich frage, ob ich Cesarina mitbringen dürfte.
„Was für eine tolle Idee!", meint Herr Mutling. Sein Chef hingegen gibt zu bedenken, dass dies erst abgeklärt werden müsse. Es gäbe eine Brandschutzverordnung, die unbedingt ein-gehalten werden müsse. Und so eine Vespa enthält ja Benzin! „Kein Problem", sage ich

schnell, „das kann ich ja im Schlosshof noch abpumpen!" Auf keinen Fall im Schlosshof, meint er darauf, das müsse ich schon außerhalb des Geländes erledigen. Am nächsten Tag bekomme ich grünes Licht. Ich darf Cesarina (frei von Brandstoffen) zum Auftritt mitbringen.

Zuhause überlege ich, welches Gericht ich in die Künstlergarderobe liefern lassen könnte und frage meinen Sohn, was wohl das teuerste Menue einer Pizzeria sei. Er meint daraufhin, das könnte eine Fischplatte oder ein Gericht mit Garnelen sein. Ok, sage ich, ich werde Garnelen bestellen, die er dann essen könne. Ich bekäme sicher keinen Bissen herunter. „Mama, ich mag gar keine Garnelen!" sagt er und ich lache und nehme mir vor, eine einfache Pizza Funghi zu ordern. Am Auftrittsabend stellt sich dann heraus, dass er die auch nicht mag.

Einen Tag vor dem Auftritt packe ich meine Ausrüstung und einen Stapel meiner Bücher in mein Auto und fahre zum Schloss. Auf der Zugbrücke wird mir der Weg von drei Herren in Arbeitskleidung verstellt. Einer von ihnen stellt sich demonstrativ grinsend vor mein Auto und springt erst im letzten Moment zur Seite.

„Glück gehabt", rufe ich ihm zu. Lässig grinsend lehnt er sich in mein Fenster und meint, ich wäre bereits angekündigt worden.

„Und woher wollen Sie wissen, dass ich die angekündigte Person bin?", frage ich ihn.
„Unser Chef meinte, heute würde eine reife Dame eintreffen, die ihr Equipment anliefern wird", höre ich ihn sagen und rufe entsetzt: „Wie bitte ??"
„Na ja, so hab ich das nicht gemeint, aber so ganz jung sind Sie ja auch nicht mehr!", versucht er sich zu rechtfertigen. Er faselt noch etwas von „charmant und jung geblieben", ich lache ihn an und sage ihm, er könne damit aufhören, der Karren wäre schon im Dreck.
„Und Sie wollen also morgen mit Ihrer Vespa anreisen?", meint sein Kollege und alle drei grinsen. „Ja genau!", sage ich. „Und ich bin froh, dass Sie alle hier stehen. Ich muss morgen meine Vespa vom Benzin befreien, da können Sie mir doch sicher dabei helfen, oder?"
Die drei schauen sich an, schmunzeln und mein Charmeur von gerade eben meint glatt:
„Nein, nein! Das müssen Sie schon selber erledigen!" Anscheinend hat keiner der Helden Lust, mit einem Schlauch Benzin anzusaugen und den Sprit in einen Kanister abzulassen. Vielleicht haben sie eine Benzinallergie. Ich nicht. Wird schon irgendwie klappen, hoffe ich.
Frei nach Pippi Langstrumpf: Ich habe das noch nie gemacht, also bin ich mir sicher, dass ich es schaffen werde.

Am Abend des 10. Oktobers 2024 brause ich mit Cesarina zum Friedberger Schloss und merke beim Blick auf die Tankanzeige, dass ich dringend tanken müsste. Habe extra einen durchsichtigen Schlauch zum Benzin abpumpen und einen kleinen Kanister gekauft und hoffe jetzt, dass der Sprit noch bis zum Schloss reicht. Vor der Zugbrücke angekommen, wartet ein älterer Herr, der mir erzählt, er habe bereits zwei Karten für meinen heutigen Auftritt gekauft. „Alfredo" stellt er sich vor, ein eingefleischter Italien- und Vespafan. Da eilt schon der Hausmeister herbei, leuchtet mit einer Taschenlampe in´s Benzinfach meiner Vespa und meint: „Da muss ja gar nichts abgepumpt werden, ist kein Benzin zu sehen!"

„Prima!", antworte ich, „die Frage ist nur, wie ich ohne Benzin wieder nach Hause komme. Ich hoffe, es flitzt jemand zur nächsten Tankstelle und holt mir ein paar Liter!"

Daraufhin nimmt mir Alfredo meinen leeren Kanister aus der Hand und meint, er habe in seiner Garage immer Reservesprit gelagert und verspricht, mir den gefüllten Kanister zum Ende der Vorstellung mitzubringen. Was für ein Glück!

Ich schiebe die Vespa über den Schlosshof in den Künstleraufzug und fahre mit dem Hausmeister nach oben zum Veranstaltungsraum. Vor der Bühne ist bereits ein wasserdichter Teppich aus-gelegt und ich platziere Cesarina darauf. Der hilfsbereite Hausmeister holt sein Werkzeug, um die Batterie der Vespa vorschriftsgemäß abzuklemmen. Herr Mutling ist auch schon vor Ort und unterhält sich gerade mit dem Tontechniker, der hinter einem riesigen Mischpult steht. Er macht uns miteinander bekannt und der junge Mann frägt mich, ob ich bereits Erfahrung hätte mit Mikro bzw. Headset.

„Keinen Schimmer!", gebe ich zu, er grinst und meint, das wäre kein Hexenwerk. Er wartet ab, bis ich meine Utensilien auf der Bühne aufgebaut habe, wobei ich einiges meiner Deko auf dem Flügel platziere. Herr Mutling will wissen, welche Lieder ich spielen werde. „Gar keins", gebe ich zurück, „ich kann nicht Klavier spielen. Ich brauche nur ein „C", um meine Lieder in der richtigen Tonart singen zu können".

Bestimmt denkt er sich: „Und dafür habe ich den Flügel auf die Bühne gerollt?", schweigt aber höflich.

Nach dem Soundcheck und der Einweisung in Hand- und Headsetmikro verschwinde ich in der Künstlergarderobe und warte auf mein Abendessen. Zeitgleich mit meiner Pizza treffen Jakob und seine Schwester Franziska ein. Franzi steckt mich mit ihrer Aufregung an, Jakob bleibt ganz cool. Ich merke, wie sie mich beobachten, wie ich schweigsam ein paar Bissen der Pizza verdrücke. Ich verfalle in eine Art Trance und bitte die beiden, mich alleine zu lassen. Mein Lampenfieber steigt immer höher und mich überfällt die Panik. Ich habe Angst, mein Programm nicht richtig vorbereitet zu haben.

Also schnappe ich mir meine Bücher, kontrolliere, ob meine Einmerkezettel noch an den richtigen Stellen sitzen und versuche, mir den richtigen Einstieg in mein Programm ins Gedächtnis zu rufen.

Auf dem Schminktisch warten Bürste, Makeup und Lippenstift auf ihren Einsatz und mein Blutdruck steigt. Auf einem Kleiderbügel hängt mein weißes, wadenlanges Kleid mit grünem Gürtel, ich werde rote Pumps dazu tragen.

Meinen Puls höre ich in den Ohren wummern, als Jakob wieder hereinstürmt und mir begeistert ein Video unter die Nase hält. Er hat soeben gefilmt, wie unten im Schlosshof die schweren Holztore geöffnet wurden und die Menge über den Schlosshof läuft. „Der Wahnsinn, Muddl!" ruft er aus.

„Wer sagt mich eigentlich an?", frage ich ihn und er antwortet, der Veranstalter würde dies nicht machen. Es käme lediglich ein allgemeiner Hinweis vom Band, dass die Handys ausgeschalten werden sollten. Er sieht meine vor Schreck aufgerissenen Augen und beruhigt mich: „Ich sage Dich an, Mama. Keine Panik!"

Ich schicke ihn wieder hinaus, denn ich brauche absolute Ruhe. Als er erneut hereinkommt, sitze ich immer noch vor meinem Manuskript und er treibt mich an, die Vorstellung sollte in 5 Minuten beginnen. „Das ist zu früh!", rufe ich aus. „Ich brauche mindestens noch 10 Minuten!"
„Nix da Muddl!", meint er, „Ich muss jetzt die Ansage machen! Die Leute werden schon unruhig. Hopp Hopp!"
Ach Du Schreck, ich hatte die Zeit völlig vergessen! Ich stürze mich in mein Kleid und schlüpfe in meine roten Pumps. Keine Zeit mehr für Schminke – kurz über´s Haar frisiert und mein Sohn checkt mich ab und meint: „Lippenstift, Mama! Trag einen Lippenstift auf!"
Ich schleiche hinter ihm zum Bühnengang und höre hinter einem dicken, schwarzen Vorhang das Raunen des Puplikums. Jakob springt auf die Bühne und wird mit Applaus empfangen. Er sagt mich äußerst charmant und witzig an, an die genauen Worte kann ich mich nicht mehr erinnern, aber beim Puplikum scheint er gut anzukommen. Währenddessen tigere ich hinterm Vorhang auf und ab und sage zu mir selbst: „Was bin ich nur für ein Hochstapler, sie werden mich alle entlarven!"
Frau Wieland vom Veranstaltungsteam steht an meiner Seite und versucht mich zu beruhigen: „Es wird richtig gut werden, Sie werden schon sehen!"

„Woher wollen Sie das wissen?" frage ich sie. „Sie kennen mich doch gar nicht!"
„Alles wird gut!" sagt sie. „Ich bin mir ganz sicher."

Und dann muss ich aufs Schafott. Selber schuld.

Ich betrete die Bühne, die Leute klatschen und ich gehe vor bis zum Rand. Und sehe: Nichts! Ich werde von riesigen Scheinwerfern geblendet und muss mir die Hand vor die Augen halten, was das Puplikum gleich mal zum Lachen bringt. Ich verspreche einen chaotischen Abend und bin mir sicher, dass ich das einhalten werde.
Meine Nervosität sinkt von Minute zu Minute und ich merke wieder einmal, dass ich ein kleines, schwäbisches Rampensäule bin.

Zurück ins bürgerliche Leben 😊:
Endlich wieder Kartel-Treff bei meiner lieben Taufpatin. Ich stelle mich darauf ein, von ihr wieder ordentlich abgezockt zu werden.
Tante Barbara, mittlerweile 87 Jahre alt und noch immer herrlich schlitzohrig, empfängt mich mit den Worten: "Ja grüß Dich, Kind Gottes! Was macht die Liebe?"
"Och....", erstatte ich Bericht, "ich wäre schön langsam bereit für eine Verkettung glücklicher Umstände. Aber ich glaub, ich steh mir selber im Weg. Irgendwie trau ich mich immer weniger."

"Ja warum denn?", will sie wissen. Mit Tante Barbara kann ich offen reden, frei von der Leber weg sozusagen. Sie hat so einen unverblümten Blick auf die Dinge - lebenserfahren und gleichzeitig milde. Wenn ich mal groß bin, will ich genau so sein wie sie. Cousine Gerdi ist noch nicht eingetroffen und so erzähle ich meinem Tantchen von meinem letzten Date und dass es bei mir nicht gefunkt hat. Sie möchte ein Foto vom Burschen sehen und betrachtet es wohlwollend.
"Aber der schaut doch nett aus," meint sie. "Was für ein lieber Blick! Was hat denn nicht gepasst?"
"Ich weiß auch nicht so recht," versuche ich mich zu erklären. "Er hat sogar eine Vespa und mag die gleichen Filme und Bücher wie ich. Und er reist gerne. Sogar Fernreisen liebt er. Er kriegt bei den gleichen Schlagerfuzzis Brechreiz.....genau wie ich! Aber ich habe ihm schon geschrieben, dass es bei mir leider nicht gefunkt hat."
Das kann Tante Barbara so nicht stehen lassen und meint: "Also Bärbel! Das wär' doch ein prima Kerl für Dich! Magst ihn nicht nochmal anrufen und ihm sagen, du hättest gerne noch ein zweites Date?"
So viel Fürsorge von meiner lieben Tante - ich bin ganz gerührt.
"Wie gehts denn deinem Verflossenen?", will Tante schließlich wissen.

"Du meinst meinem Ex-Freund, Ex-Verlobten,
Exmann? Alles in einer Personalunion-Ex?"
"Ja, genau den meine ich!" Sie lacht.
"Das hat mich nicht mehr zu interessieren,
glaube ich."
Ich hätte vor meinem Auszug doch den
Stinkekäse in seine Matratze einnähen sollen.
Aber ich konnte damals ja nicht wissen, dass
meine Nachfolgerin schon auf der Pole Position
stand. Als ich es dann durch einen blöden Zufall
mitbekommen habe, war es zu spät dafür. Die
Schlösser waren längst ausgetauscht.
Neuerdings fährt er mit einem FC Bayern-
Aufkleber herum, dabei ist er doch glühender
1860er-Fan. Einmal Löwe, immer Löwe und so.
Er kriegt den Aufkleber nicht vom Auto ab. Blöd,
so ein Sekundenkleber. Es gibt aber auch fiese
Leute.

Später verliert unser Tantchen haushoch beim
Rommè und beschwert sich, dass sie kein Glück
im Spiel habe.
"Weißt Du, was das bedeutet?", frage ich sie. "Du
hast Glück in der Liebe! Duuu darfst ihn anrufen!"

"Ja, genau!" meint sie und lacht.

Erste Hilfe-Tipps für unfreiwillig getrennte Ehefrauen:

- Ein Stamperl Grappa auf Ex
- Sich Zeit zum Verkriechen geben (max. 2 Tage!)
- Sich Zeit zum Weinen geben (max. 20 Minuten täglich, sollte es nicht aufhören: Nicht alleine bleiben!)
- Gute Gespräche mit liebevollen Menschen
- Sich einen Coach nehmen (z.B. bei einer Caritas-Lebensberatung)
- Sich eine Couch nehmen (viel schlafen)
- Sich eine Tagesstruktur einrichten: Plan zum Abhaken erstellen
- Sich ablenken mit schönen Filmen und Musik, passend zur jeweiligen Gefühlslage
- Eine Reise planen
- Ein lang gehegtes Projekt in Angriff nehmen.
- Laut singen (vorzugsweise zuhause)
- Sport zum Abreagieren (Kickboxen ;-)
- Tun Sie alles, was Ihnen gefällt und Ihren Expartner genervt hätte.

Nachwort und Danksagung

Dieses Buch hat circa 2 Jahre gebraucht, um fertig zu werden. Ich hatte gehofft, es würde schneller gehen, aber es musste anscheinend den Naturgesetzen einer Trennung folgen: Schock, Wut und Trauer, Neuorientierung und Neuanfang. Leider muss man da durch und mir wurde gesagt, es könne bis zu 5 Jahre dauern, bis man alles verarbeitet hat. Ich kann also zufrieden sein.

Ein herzliches Dankeschön an all' meine geduldigen Freundinnen, allesamt Meisterinnen im Zuhören, Trösten und Ablenken. Ich hätte es nicht geschafft ohne Euch!

Ich danke meiner lieben Chefin Inge und meinen Kolleginnen für die herzliche Aufnahme in ihr Team, meinen Vermietern für Ihre fürsorgliche Art und diese wunderschöne Wohnung in "meinem" Dornröschenhaus.

Der größte Dank gilt meinen Kindern:
Ich bin unglaublich stolz auf Euch, wie Ihr Euch in dieser schwierigen Phase verhalten habt!

Über die Autorin:

Sofia Bottoncino, Freifrau von Mering
(im bürgerichen Leben: Bärbel Weinzierl)
ist eine Hobbyautorin aus Mering bei Augsburg.

Die dreifache Mutter und siebenfache
Großmutter lebt mit ihrer Retrieverhündin Emmi
sowie Kater Ludwig in einem wunderschönen
„Dornröschenhaus" am Stadtrand, nähe Wald
und Fluss.
Ihre „Karriere" als Autorin startete eher zufällig,
denn ihr alter Vater und größter Fan, wollte nach
ihrer Italienumrundung per Vespa ihr
Reisetagebuch lesen. Dieses war jedoch so
geschmiert und unleserlich, dass sie sich
entschloss, für ihren Vater ein Buch drucken zu
lassen……gespickt mit ihren Erlebnissen und
den schönsten Fotos der Reise. Der Titel:
Nonna accelerata-Die beschleunigte Großmutter

Kurz vor seinem Tod hielt er das erste Exemplar
in der Hand und war unglaublich gerührt.
Das Buch wurde herumgereicht und aufgrund
der Nachfrage, wurde es weitere 200 mal
gedruckt. Zu guter Letzt landete es beim Europa-
Verlag und Nonna Barbara fühlte sich fortan
ermutigt, weitere Bücher zu schreiben.